U0518484

隐形的天才

如何教育有读写困难的孩子

[美] 布罗克·艾德
[美] 费尔内特·艾德
著

蒋麦畦　张莉路
何　波　陈　峰
译

图书在版编目（CIP）数据

隐形的天才：如何教育有读写困难的孩子/（美）布罗克·艾德，（美）费尔内特·艾德著；蒋麦哇等译.
—成都：四川人民出版社，2020.5（2024.6 重印）
ISBN 978-7-220-11582-0

Ⅰ.①隐…　Ⅱ.①布…　②费…　③蒋…　Ⅲ.①智力落后-儿童教育　Ⅳ.①G764

中国版本图书馆 CIP 数据核字（2019）第 261878 号

This edition published by arrangement with the Avery, an imprint of Penguin Publishing Group, a division of Penguin Random House LLC.

四川省版权局著作权登记［图进］21-2019-326

YINXING DE TIANCAI RUHE JIAOYU YOU DUXIE KUNNAN DE HAIZI

隐形的天才：如何教育有读写困难的孩子

［美］布罗克·艾德　［美］费尔内特·艾德　著　蒋麦哇等　译

策　　划	吴焕姣
责任编辑	蒋科兰
封面设计	熊猫布克
版式设计	戴雨虹
责任印制	周　奇
出版发行	四川人民出版社（成都三色路 238 号）
网　　址	http://www.scpph.com
E-mail	scrmcbs@sina.com
新浪微博	@四川人民出版社
微信公众号	四川人民出版社
发行部业务电话	（028）86361653　86361656
防盗版举报电话	（028）86361653
照　　排	四川胜翔数码印务设计有限公司
印　　刷	成都蜀通印务有限责任公司
成品尺寸	145mm×210mm
印　　张	11.25
字　　数	204 千
版　　次	2020 年 5 月第 1 版
印　　次	2024 年 6 月第 3 次印刷
书　　号	ISBN 978-7-220-11582-0
定　　价	49.80 元

给卡瑞娜（勇敢的心）：你是一个了不起的人，你是无尽的快乐源泉，我们全身心地爱着你。

［推荐序一］

“一本家长、教育工作者和读写困难者必读的书”

您知道许多成功的建筑师、律师、工程师——甚至畅销小说作家——从孩提时起就有困难去学习阅读和写作吗？

在这本突破性的书中，布罗克·艾德（Brock Eide）博士和费尔内特·艾德（Fernette Eide）博士解释了占人群20%的读写困难者们怎样共享着一个独特的学习风格。这种学习风格能在教室中，工作中和家中创造出优势。作者们运用他们在神经学和教育领域的综合专业知识，说明了这些人们不仅对书面词汇有不同的理解，而且也非常擅长空间推理、极具洞察力地去发现别人轻易错过的联系、他们以故事的形式理解世界，并展示出惊人的创造力。

《隐形的天才：如何教育有读写困难的孩子》将个人的故事

和深奥的科学融合在一起，为家长、教育工作者和读写困难者怎样认识和运用读写困难的优势提供了非常有价值的建议。这些优势是指：实质推理（适合建筑师和工程师），互联推理（适合科学家和设计师），叙事推理（适合小说家和律师）以及动态推理（适合经济学家和企业家）。

伴随专业建议和鼓舞人心的话语，这本颠覆陈旧观点的书证明了读写困难并没有成为一种伤害，而常常是取得成功的财富。

"国际读写困难协会"前主席，戈登·F. 舍曼博士

［推荐序二］

给隐形天才的礼物

布罗克·艾德（Brock Eide）医学博士和费尔内特·艾德（Fernette Eid）医学博士认为读写困难是由于脑部构造不同而引起的，他们是这一重大发现的先驱。他们认为：我们不应该把注意力集中在纠正不足上，而是应该专注在优势上。因为大脑构造和脑细胞连接模式与常人不同，使得读写困难者在某些方面有显著的困难（如学习阅读），但同时也带来了明显的优势，尤其是成年的读写困难者。这些被誉为“超级能力”的优势，使得他们在某些方面比非读写困难者更优秀。他们擅长于视觉空间推理、善于捕捉他人无法感知的细微感情和想法、喜欢站在宏观角度思考问题、拥有企业家思维和前瞻性思维。我不是读写困难者，并毕业于几所精英大学。当我第一次出席艾德博士组织的会议时，我发现和与会的读写困难者们相比，我的思考方式（逻辑的，连续的）低到了尘埃里。读写困难者们以其他人不具备的方式去发现事情。在快速变化的世界里，我们需要这种创造性的思考能力。

布罗克·艾德博士和费尔内特·艾德博士向我介绍了蒋麦畦(Maggie Jiang)，她当时是一位在加拿大读大学的学生。麦畦在读写困难的一个国际会议上购买了《隐形的天才：如何教育有读写困难的孩子》一书，并通过作者联系到了我。她表现出了令人印象深刻的创造力和活力，她希望在这个会议上能找到帮助她去发现作为一名学习者的长处和弱点的人们。为了获得建议，这位了不起的年轻女孩独自一人将自己的故事复印了500份，在会议期间天天传发。这是一个多么有创意的想法啊！

麦畦拜访了我在纽约的私人评估诊所，我们花了几天时间测试、交谈，终于弄清了她独特的大脑轮廓。我们发现她其实是位具有明显优势的读写困难者。根据这些信息和相关知识，她根本不“愚钝”，仅仅是“不同”而已。实际上，她具有很多非常显著的优势。

我们找到了更适合麦畦的学习方式方法和策略。我相信，一开始她的父母对诊断结果和新的非传统的学习方式持有些许怀疑，她就推荐她的妈妈去阅读《隐形的天才：如何教育有读写困难的孩子》一书，同时，麦畦也开始正视并且运用她本身的天赋。在学校内外，她都表现得非常优秀。现在，作为一名教育企业家，麦畦正行进在通往成功的路上。

被麦畦邀请为本书中文版写序，是我的荣幸。我非常尊重艾德博士，并对麦畦和她的家庭充满钦佩。他们发现了破坏麦畦未来的读写困难，并把它转化成了正面的积极的因素。麦畦是一个聪明、阳光、富有创造力、具有宏观思维模式的思想者。毫无疑问，她将走得更远。

对麦畦父母的支持和理解表示最诚挚的感谢。

德文·麦克埃克伦（Devon MacEachron）博士

国际读写困难协会指定诊断医生

美国纽约州注册心理学家

加利福尼亚大学伯克利分校心理学博士

［自序］

致亲爱的中国读者

距英文《隐形的天才：如何教育有读写困难的孩子》一书初版已经七年了。七年以来，在英语国家中，越来越多的人开始更积极地了解和关注读写困难这一群体。读写困难不再被简单地看作是一个负面词或者学习障碍了。越来越多主流观点认为：阻挠这些特殊人才阅读和拼写的原因只是大脑结构和功能与众不同而已，这些不同也带来了巨大的优势与潜力。

在《隐形的天才：如何教育有读写困难的孩子》一书中，我们介绍了伴随读写困难者们的认知优势、在学校和工作中取得成功的方法以及如何选择合适的专业和职业领域，揭示了读写困难者们具备优势的原因，以及这些优势得以充分认可、发挥和发展的环境。这些介绍来自科学文献和研究，以及我们作为医生和教育专家通过成千上万读写困难者的临床经验总结。本书解释了我们对传统的读写困难定义和看法的精确性提出疑问的原因，也阐述了我们发现的和读写困难相关的认知优势模式，并解释了家长、教育工作者和读写困难者本人对读写困难的优势和劣势应一视同仁的重要性。

现在，我们非常高兴地看到中文版《隐形的天才：如何教育有读写困难的孩子》一书在中国出版。在此对蒋麦畦（Maggie Jiang)、张莉路、何波、陈峰、德文·麦克埃克伦（Devon MacEachron）和每一位对此做出努力和贡献的人士表示深深的敬意和感谢。我们感到兴奋和激动的是，我们的大家庭从美国延伸到了中国，为我们的研究能为中国人民带来帮助感到非常荣幸。就如我们在书中描述的，读写困难的头脑在动态的、变化的和成长的环境中能带来创新和创造。目前，中国充满了活力和机会，为读写困难者们的创新天赋提供了完美的环境。期待着不远的将来，中国的读写困难者们能用他们具有的优势更有力地为中国服务。

布罗克·艾德医学博士、文学硕士

费尔内特·艾德医学博士

·目录·

3 M优点　实质推理（Material Reasoning）

4 I优点　相互关联推理（Interconnected Reasoning）

5 N优点　叙事推理（Narrative Reasoning）

6 D优点　动态推理（Dynamic Reasoning）

7 如何利用读写困难的优势

感　谢

在写作中，很多优秀又热心的人通过支持和帮助带给了我们真诚的祝福，在此表示无比的感激之情。

首先，衷心感谢我们称职的代理人卡罗尔·曼恩（Carol Mann），不仅带给了我们很好的市场选择机会，也给我们介绍了梦寐以求的出版社。谢谢您全方位的帮助。

在哈德逊街企鹅出版社（Hudson Street Press/Penguin）团队的同事们，再多的语言也不足以表达我们对你们的付出和支持的感激之情。对主编卡罗琳·萨顿（Caroline Sutton）和在哈德逊街出版社的同事们，能够分享和支持我们的观点，表示最深的敬意。无论是作为编辑还是作为“坚韧爱情”学校的激励教练，梅根·史蒂文森（Meghan Stevenson）都有同样的让人吃惊的才能。

不仅对于原稿的清晰度和结构，而且对于我们怕错过最后期限的担忧等行为和情绪，您都表现出非常专业的关心，和您在一起工作是一种荣幸。我们的首席公关员，考特尼·诺贝尔（Courtney Nobile），以及宣传总监丽兹·基南（Liz Keenan），让我们感受到了来自极具专业素养的公关人员们的极大支持。杰森·强生（Jason Johnson）和依维·基尔（Eve Kirch）分别负责这本书美妙的外部和内部设计工作，谢谢你们美丽的和有创造性的贡献。约翰·发甘（John Fagan）和艾希礼·派特森（Ashley Pattison）负责市场，制作编辑凯蒂·赫尔利（Katie Hurley），文字编辑希拉·穆迪（Sheila Moody）以及总编辑苏珊·施瓦茨（Susan Schwartz），对你们所做的工作，表示深深的谢意。我们感谢在企鹅童书（Penguin Young Readers）格罗赛特和邓洛普（Grosset & Dunlap）出版社工作的邦妮·伯德（Bonnie Bader），如此迅速地将这本书传递给了亨利·温克勒（Henry Winkler）。

我们也把最深的谢意献给来到我们诊所，与我们分享他们的故事和生活的个人和家庭。你们做了实实在在的工作，而我们所做的只是聆听。

为了这本书而接受采访的人们，在此我对他们分享的故事和经验深表谢意。和如此之多颇有建树和创造性的人们交谈是我们最愉快的职业经历之一。

特别感谢汤姆·维斯特（Thomas G. West），他比任何人都更努力和更长时间地去推广“读写困难有优势”的观念。自从我们第一次遇到汤姆到现在，他从不吝啬对我们的善意和鼓励。毫无疑问，汤姆是我们有幸知道的最慷慨和最无私的人之一，他的影响力才刚刚开始被感觉到。

我们的家庭和朋友们，无论是老的和新的，都成为卡瑞娜支持社团的一部分：没有你们的帮助——情感上的、精神上的、专业上的和财务上的——这本书可能永远都不会面世。我们从心底感激你们。

诺曼·格施温德（Norman Ceschuind，mo）

《为什么奥顿是对的》作者

前　言

2004 年，英格兰一所顶尖的商学院发表了一篇新闻稿，题目叫作《企业家有高达五倍的可能性患有读写困难》。它的副标题继续问道："是什么使得理查德·布兰森爵士[①]（Sir Richard Branson）、艾伦·休格爵士[②]（Sir Alan Sugar）和诺曼·福斯特爵士[③]（Sir Norman Foster）与众不同？"

---

① 理查德·布兰森爵士（Sir Richard Branson）：维珍品牌的创始人和品牌所有者，董事长兼总裁。爵士。维珍集团是英国最大的私营企业，旗下有近 200 家公司，包括维珍大西洋航空公司。

② 艾伦·休格爵士（Sir Alan Sugar）：英国著名的企业家和媒体人，慈善捐款已达 500 万英镑，亿万富翁。

③ 诺曼·福斯特爵士（Sir Norman Foster）：建筑大师，耶鲁大学硕士毕业，英国皇家爵士，获得皇家金质奖章、美国建筑师学会金质奖章等。为中国设计过香港国际机场、香港汇丰银行总部大厦、首都机场扩建工程、上海久事大厦。

答案就在这篇新闻稿中：以上这些非常成功的企业家，都是读写困难者。一群在这所商学院工作的具备研究条件的人员发现：读写困难者有非常高的取得企业成功的倾向。

这些企业家到底有多么成功呢？根据最新的计算，理查德·布兰森爵士的净资产大约为 40 亿美元。艾伦·休格，现在是克莱普顿公司（Clapton）的休格男爵，有净资产 12 亿美元。诺曼·福斯特，现在是泰晤士银行（Thames Bank）的福斯特男爵，有相对少的资产，“仅仅”4 亿美元，他还拥有世界最受爱戴和最卓越的建筑家之一的称号。

分享这些企业家取得巨大成功的同时，这篇文章似乎又相当奇怪地把他们描述成“患有读写困难者”。然而，每一个读写困难者能告诉您的却是，他们正忍受着极大的痛苦，如：他们不能掌握其他人能够轻易掌握的技能；被同龄人和同学嘲笑；被班级、学校，或他们愿意追逐的职场孤立。这些经历包括了最残忍的身心痛苦。但是，当我们研究读写困难人士，如当我们查看他们怎样思考、他们能够做的事情以及他们中常有人成为杰出人士时，非常清楚的是，在许多方面，“患有读写困难”是一种非常不寻常的“痛苦”。

这本书不是关于读写困难的，而是关于那些被诊断为有读写困难的人们的。这本书涉及他们拥有的智慧、他们处理信息的方式以及他们做得特别好的事情。这不是一本关于这些人的某些事的一本书。这本书讲述的是他们是谁。

大部分关于读写困难的书都聚焦在阅读和拼写问题上。诚然，这些问题是特别重要，但并不是唯一重要的。对读写困难人士来说，最重要的事情是他们的成长、学习和成功。

作为神经系统科学和学习障碍领域的专家，我们一直和成百上千的读写困难人士及他们的家庭工作在一起，在这个过程中，我们发现读写困难人士都具有很多重要的认知特征。其中有些特征是学习和过程的挑战，如：阅读和拼写困难；数学公式的强记；工作记忆；视觉和听力功能。但是，其他一些特征却是重要的优势、能力和天资，我们称这种天赋为“读写困难优势”。虽然这些特征因人而有些小小的不同，但是也形成了可以认知的模式。就如同莫扎特的音乐作品是可以从其他作曲家的类似作品中辨别出来一样。

传统上，对读写困难的理解几乎完全集中在阅读问题、拼写问题以及其他学业技能问题上，却很少注意到读写困难者做得特别好的地方，特别是当他们成年后。在我们的观点当中，这是一个严重的错误。试图去完全了解读写困难而同时忽略成年读写困难者所展示的特点，就像试图去了解一只毛毛虫而同时忽略毛毛虫将要成长为一只蝴蝶一样。

如同我们在这本书中将要给您展示的，读写困难者的大脑不是有缺陷，而只是简单的不同而已。这些大脑回路的不同经常导致他们在处理某种信息时具有特别的优势，这些优势同时也让我们对读写困难者面临的挑战有更好的了解。就像在这本书中所介绍的，通过学习怎样去认知、培养以及恰当地使用这些优势，读写困难者在自己的努力下，能够取得成功并实现个人的目标。

呈现在本书中的读写困难和传统的读写困难有两个大的差别。首先，我们并不把和读写困难有关的阅读、拼写以及其他学业挑战作为一种“失调”或一种“疾病”，而是把这些挑战作为来自大脑组织的不同模式——它的主要目的是使读写困难者倾向去发展有价值的技能。当从这种角度来看待读写困难时，我们能够意识到，伴随它的优势和挑战就像一个神经学硬币的两面。在这本书中，我们将指明这些优势、讲解怎样利用这些优势、揭示为什么我们相信应该被认为是读写困难真正的“核心特征”的是这些优势，而不是阅读和拼写的挑战。

其次，不同于大多数读写困难有关书籍，这本书并不仅仅集中在使读写困难者变成更好的阅读者，而且还致力于帮助他们更好地处于“读写困难”中。阅读指导改变了大脑的一些特征，但是，并没有改变读写困难大脑不同于正常大脑的所有事情。但是，这其实是一件好事，因为读写困难大脑并没有被假定为像其他任何一个人的大脑。读写困难大脑有它们自己的优势和好处，这些优势应该被认识和喜欢。我们的目的是去帮助读写困难者认识这些大量的美好的优势，使他们能最大限度地享受这些来自一个读写困难大脑所能提供的福利。达到这个目的的第一步是帮助他们打开视野去思考“读写困难”真正代表的是什么，通过扩展“读写困难”的概念使它不再仅仅意味的是挑战，而同时也包括了重要的天资。

按这种模式来扩展我们观点的最好办法是不仅要看见读写困难者所面临的挑战，而且也要看到他们做得特别好的事情。一个显而易见的方法是向已经成功的“有读写困难”的人学习。大多数关于运动、乐器、烹饪或外语口语方面的书或 DVD 都有一个共同的特点，即分享专家经验，告诉模范技巧以及他们发现的有用策略。因为本书是关于怎样战胜“读写困难”的一本书，所以我们也将分享很多已经取得成功的读写困难者生活中的故事、诀窍以及建议。当然，并不是每一个读写困难人士都能精确复制这些富有天分的个人的成功道路，但是任何读写困难人士的思维模式都能够从这些人的洞察力以及他们所使用的策略中获得营养。

这本书的前几章，我们将描述读写困难大脑是怎样不同于非读写困难大脑。然后，我们将用五章的篇幅对我们已经发现的、普遍存在于读写困难者中的四种优势进行逐一讨论。为了便于记忆，我们称这些模式为“MIND 优势”：实质推理（Material reasoning）、相互关联推理（Interconnected reasoning）、叙事推理（Narrative reasoning）以及动态推理（Dynamic reasoning）。这些优势的分类并不是严格的或精确的，但是对思考和理解读写困难的天赋是有帮助的。MIND 优势无一例外都是针对读写困难者的，每个优势都和读写困难者所有的特殊的认知和大脑的结构特征相连接。当您阅读这些章节时，请记住读写困难者都有这些共同的特点，但每一个又是独特的。读写困难并不是由一个单一的基因引起，因此不同的读写困难人士将表现出不同的优势和挑战。很少有人同时具备 MIND 四个优势，但是基本上都表现出某些优势。讨论了 MIND 优势之后，我们将用几个章节总结实际经验，叙述在学校和工作中怎样利用读写困难的优势并取得胜利。

我们希望这本书能为那些还没有充分了解读写困难巨大优势的人们提供资源和鼓励。

1

展 望

第一章

新观点

在道格的整个校园生活中，他一直都在和阅读以及写作做斗争。道格曾经因为没有通过考试而两次从大学退学，但最终达到了学业要求，并获得了大学文凭。今天，他是一家非常成功的软件公司的总裁，这家公司是他在十年前创建的。

在琳赛年轻时，因她做事缓慢，所有老师都说她“迟钝”。虽然她全力以赴地去学习阅读和写作，但是仍然还是年级里最后掌握这些技能的学生之一。最近，琳赛从大学毕业了，并且获得了大学中竞争激烈的荣誉专业的最高奖项。她目前进入了一所名牌研究生院学习心理学。

皮特的小学老师们告诉他的父母，他处于智能发育迟缓和情绪失调的边缘，而且老师们也教不了他的阅读和写作。但是通过一对一的强化专项指导后，皮特的阅读和写作能力得到提高，并考进了大学，进入了法学院学习。在进入最高法院工作之前，皮特代表另外一个读写困难女孩赢得了她的 9－0 案子（case 9－0），并从根本上重新定义了需要特殊教育的学生的权利。

道格、琳赛和皮特都是读写困难者，他们在工作领域都非常杰出。就如我们将在本书中向您展现的，这些事实既不矛盾，也不是巧合。相反，数以百万的读写困难者同道格、琳赛和皮特一样擅长他们所做的事情，是因为他们了解自己的优势所在，并且不懈地努力，而不是因为他们都有读写困难。

这个现象让人吃惊，并产生诸多的疑问：做得好是因为他们的读写困难吗？读写困难不是一种学习障碍吗？学习障碍是肯定会导致学习成绩不好的，学习成绩不好还能成功？还能走向人生巅峰？

回答是：如果读写困难只是一种学习障碍的话，那么成为一名失败者肯定是必然的。但是以本书的观点来看，读写困难并不是一种学习障碍，而是由于思维方式与众不同所导致的。读写困难者的思维方式，通常在遇到英语、数字、朗诵和拼写时会有很大的障碍，读写困难者面对的挑战会让人觉得吃惊和困惑，这其实是由于读写困难者的大脑结构和信息处理模式和“正常人”不一样，这种不一样也带给了读写困难者非常大的优势。这也是读写困难者为什么看起来如此卓尔不群的原因，同时也取决于我们怎样去看待他们。

如果只着眼于阅读、拼写或其他某种语言的学习或任务，依过去的观点来看，读写困难者明显有学习障碍。但是新的研究认为，他们在做其胜任和喜欢的其他任何事情时，不仅不会表现出任何的学习障碍症状，反而展现出了杰出的才能，甚至特殊的不可思议的优势。

这些明显的优势并不是和他们的弱势比较的结果，或者我们主观赋予或夸大了他们的能力，而是真实的存在，而且这些优势随着年龄的增长会越发明显。在本书中，您能看见许多研究已经揭示了读写困难者在专业领域，如工程、艺术和企业界所占的百分比是他们在一般人口中所占百分比的两倍多。读写困难者在许多行业中也位居最杰出和最具创造力的那群人之中。如：企业家理查德·布兰森（Richard Branson）、歌唱家和词作者约翰·列侬（John Lennon）①、古生物学家杰克·霍纳（Jack Horner）②、财务服务先驱查尔斯·施瓦布（Charles Schwab）③、发明家迪安·卡

---

① 约翰·列侬：披头士乐队的创始人之一。英国摇滚音乐家、歌手、作曲家、艺术家、演员、和平主义者，曾获大英帝国勋章。

② 杰克·霍纳：知名美国古生物学家。电影《侏罗纪公园》以及续集《失落的世界》的科学顾问。参与创作了《挖掘霸王龙》，并撰写了《恐龙：天空下的生物》一书。

③ 查尔斯·施瓦布：嘉信理财创建人、董事长、CEO，互联网证券经纪业务创新者和巨头，指数投资创始人。2015 福布斯全球亿万富豪榜排名 220 名。

门（Dean Kamen）[①]、建筑家理查德·罗杰斯（Richard Rogers）[②]、律师戴维·博伊斯（David Boies）[③]、小说家文斯·弗林（Vince Flynn）[④]、计算机先驱比尔·休利特（Bill Hewlett）[⑤]、演员安东尼·霍普金斯（Anthony Hopkins）[⑥]、画家查克·克洛斯（Chuck Close）[⑦]、手机先驱克雷格·麦考（Craig McCaw）[⑧]，以及电影制片人布莱恩·辛格（Bryan Singer）[⑨]。

值得注意的是，在这些取得超级成就的人们中，读写困难和特殊能力之间的联系是看不见的。然而，事实上在读写困难研究领域的许多最重要的和最具感知力的专家都观察到了存在于读写困难和天资之间的这种联系。您可以通过一个简单的实验来证明这一点。在熟知读写困难的国家中，比如美国、加拿大和英国

---

① 迪安·卡门：可以与福特、爱迪生相提并论的、著名的现代发明家。取得了达 1000 项美国和国际发明专利。著名的发明项目有 HT（可爬楼梯和起降的轮椅）和赛格威（革命性的城市交通工具）。

② 理查德·罗杰斯：英国建筑师。代表作有著名的“千年穹顶”，爵士。2007 年获得 29 届普利兹克建筑奖。

③ 戴维·博伊斯：耶鲁大学法学研究生，华尔街王牌律师。

④ 文斯·弗林：美国畅销小说之王。2007 年、2008 年、2010 年、2012 年，四次夺得《纽约时报》畅销书排行榜第一名。

⑤ 比尔·休利特：硅谷之父，惠普公司创始人。

⑥ 安东尼·霍普金斯：英国演员、导演、制作人，毕业于英国皇家戏剧艺术学院，获第 63 届金球奖终身成就奖。

⑦ 查克·克洛斯：才华横溢的版画家和摄影家，曾在超过二十个国家举办过两百多次个展。是美国超级写实主义的代表画家。

⑧ 克雷格·麦考：全球移动通信巨子，是全世界最能代表电信事业转型及未来的人物。

⑨ 布莱恩·辛格：美国制片人、好莱坞大导演之一、编剧、演员。

等，当您碰到一个很棒的设计师、庭院设计师、技工、电工、木工、水暖工、放射科医生、外科医生、正畸医生、小公司老板、计算机软件和图像设计者、电脑网络工作者、摄影师、艺术家、船长、飞行员，或者任何我们将在本书中讨论的很多“读写困难者集中”领域的技术人员时，询问他们本人或他们的直系亲属是否是读写困难者或是否在学习阅读、写作或拼写中遇到过麻烦，我们愿意和您打赌，他们的回答将是肯定的。专门研究读写困难的专家都观察到读写困难和天资之间有某种微妙的联系。

如果读写困难仅仅是一种学习障碍，会有这些联系吗？答案是否定的。所以读写困难不仅代表着一种学习障碍，也意味着天资，只不过是隐形的天资。读写困难其实是一个“套餐”，它包含两个表现方式，即弱势和优势。读写困难的特殊思维模式会在学习技能上展现出它的弱势，但是这些弱势只是森林中的一片树叶，真正的大片森林则是一些其他的能力，这些能力包括：

1. 三维空间推理和机械能力；

2. 发现诸如类比、象征、悖论、类似、不同、含义、差别以及失衡关系的能力；

3. 记住重要的个人经历并根据特殊例子去理解抽象信息的能力；

4. 在复杂和不断变化的系统或者数据链中察觉和利用微妙模式的能力。

上述能力的精确性和大小程度因人而异，由于在这些优势之间存在很多的相同性，从而形成了可以被认知的相关系列，并被合理地称为与读写困难这种学习障碍共存的读写困难的优势。重点是：读写困难者们共有的显著能力——这些能力是大脑构造不同的产物，同时也导致了读写能力、语言和学习上的障碍。

在这本书里，我们想从根本上改变大众对读写困难的基本概念：在我们内心深处对读写困难的理解应该是能力而不是残疾，这就如同“哥白尼革命”一样，是一场彻底的观念改革。这种观念的改变不仅要将主流对读写困难的看法进行纠正，更是要在教育上、雇佣方式上以及在教导他们去思考和感受他们自己、他们的能力和他们的将来上进行纠正。

我们并不是要轻描淡写读写困难所带来的学业上和心理上的挫折，或者建议减少或终止能够帮助到他们的强化学习和补习。我们是想让更多的人知道，读写困难者的特殊思维模式和他们必定经历的挑战。

类比说明：一种探索利器

想象您生活在一个遥远的岛上，从没有接触过外面世界的人或产品。一天早上，当您沿着沙滩散步时，瞥见了一个半截埋在沙里并发着亮光的圆柱形管子。您把它拾起来，洗干净并仔细检视它。您惊喜地发现它是人类设计的一个产品，但它是什么，或用来做什么的，您还不能马上确定。这根管子大约有您手臂那么长，像一个拳头大小的石头那么重，带点圆锥形状，它的一端直径几乎是另一端的两倍。当您察看它的大端时，注意到来自它的光线以特殊强度散发出来。当您将眼睛凑近时，您发现光不仅仅是从这端跳出来，而且通过它后还发出闪耀的光芒。当您通过大端望向管子里面并调整好后，您开始看到了一个熟悉而又美丽的变形景象：一幅可爱的奇妙的微型海滩在您眼前伸展。震惊之余，您知道了您所发现的是一个使东西看起来更小的非凡的设备。

这根管子其实是一个望远镜，就像这个望远镜一样，“读写困难”这个概念是人类的一个发明。它或者能够扩大和澄清我们对阅读和拼写困难人群的观点（正确使用方式），又可能导致我们对这些人的看法趋于狭隘（错误使用方式）。不幸的是，后面这一“递减效应”却是人们一直相信并沿用多年的针对读写困难的思维模式。

“狭隘的观点”是怎样成为主要看法的

读写困难第一次在医学文献上被清楚地解释是仅一个多世纪之前的事，而我们现在知道的读写困难已经变成了基本的常识。1896 年，英国眼科专家，普林格尔·摩根（W. Pringle Morgan）

讲述了一个关于 14 岁男孩珀西的事例。尽管珀西的同学们都坚信他是“学校最聪明的小伙子”，但是他拼尽全力花了七年时间去学习阅读之后，他的阅读和拼写能力仍然处于最基本的水平。

历史上，普遍认为和读写困难相关联的特征就是阅读和拼写的困难。通过这个例子，读写困难的概念才第一次被展现为：有一群独特的人，他们非常聪明，学习和处理某种信息的方法，完全不同于非读写困难同龄人。我们将会在本书后面的章节中看到，读写困难者还会面临其他的语言和学习挑战。

我们相信，相较于读写困难概念的发展而言，读写困难的真正价值还没有被完全认识到。就像前面提及的望远镜的例子一样，应该怎样使用这个望远镜被忽略了。它应该被用来作为一种工具去改变我们对读写、语言和学习困难的观念，或者应该被用来“扫视”这个令人惊异的人群所有的学习和处理问题的特点，这不仅是在读写和语言方面，而是在他们行动的全部范围内，以及他们的优势和挑战是否都贯串于他们的整个生命过程。

因为人们从来没有关注过上述问题，所以对读写困难的研究和教育几乎一直集中在读写、语言和其他学习的挑战方面。这样就得出一个人们习以为常的结果——“读写困难”被认为是障碍的同义词。这个狭隘的观点被反映在“美国国家儿童健康和人类发育研究所”（NICHD）对读写困难的定义上，随后被“国际学习障碍协会”（IDA）所采用。

该定义是：读写困难是一个起源于神经学的特殊的学习障碍。它的特点是不能准确和流利地认识单词，以及低下的拼写和拼读能力。典型地，这些麻烦来自语言的音系学成分的缺乏，而这种成分常常出乎预料地和其他认知能力，以及提供的有效课堂教育有关系。继发后果可能包括阅读理解的问题，减少的阅读量会进一步阻碍词汇和背景知识的积累。

以上的定义明显地“缩小”了我们对读写困难的认知视野，是因为它把我们对读写困难思维方式的认知局限在了读写困难者所经历的挑战上。它与考虑了读写困难者所具有的技能和能力的观点无关。如果依照上面介绍的这个观点来看，读写困难仅是：1. 有学习障碍；2. 具有困难的特性；3. 来源于不足；4. 伴有继发后果；5. 带有附加障碍。难怪大家对读写困难者有如此多的负面观点！

至此，我们能够相信上述定义已经告诉了我们关于读写困难者的所有事情了吗？不能。因为习惯让我们认为“望远镜”的第一个用途就是它唯一的用途，习惯让我们不去发现它的其他更好的用途。这样就让我们只能看到读写困难的现象，而错过了它的重要性，如同一位考古学家发现了一扇精心雕刻的大门，但是他仅专注于对这个门的研究，却没有意识到附近肯定深埋着一个宏伟的城市。

同样，我们一开始就把读写困难作为一种学习障碍、一种缺陷，而不是一种特殊的学习和处理问题的思维方式来对待，所以很长一段时间，主流社会完全没有注意到读写困难者的思维方式带来的才干和能力。在接下来的章节中您将发现，一旦我们采用从优势和挑战这两个不同的方面去认知读写困难的方法后，那么，读写困难特有的思维模式造就的才能和优势就不再“隐形”了。

第二章

新旧两种观点

我们介绍一个家庭来给您说明新旧两种观点所导致的巨大不同。

在一场名为“聪明孩子弱点”的家长会上，我们第一次见到克莉丝汀。演讲结束后，她在会场上找到我们谈到她的儿子——克里斯托弗。克里斯托弗是个三年级的学生，IQ 的几个分项测试结果显示他的行为表现出来的差距很大。语言测试和空间推理测试取得了高分，但在进步速度和工作记忆（或叫作“心理桌面空间”，后续将要讨论）测试中表现欠佳。克莉丝汀想知道其中的原因。

我们告诉克莉丝汀，在聪明的小男孩中经常看到相同的情况，我们善意地给他们取了一个绰号叫作“年轻的工程师们”。

这些男孩虽然对语言相关的领域如历史、神话、奇幻小说、动漫角色扮演表现出了强烈的兴趣，喜欢阅读、聆听、讲故事、编造想象世界，而且他们对空间或机械运动也很着迷。但是我们告诉她，许多这样的男孩正在和书写、书面表达、拼写和阅读（特别是流利地朗读）做斗争。这些男孩常常是非常缓慢的阅读者，有少部分还表现出用口头语言表达的困难，如难于找到适当词汇或把他们的想法转换为语言。他们常有读写困难家族史，但家庭成员在空间、机械或与高等数学相关的领域表现优异。

克莉丝汀对此感到震惊，但是当我们结束分析时，她慢慢地笑着说道："让我告诉你们，我的家庭……"

一个读写困难家庭：狭隘的观点

克里斯托弗，很早就表现出了读写困难。他两岁生日后，他才第一次说出几个词语，并且很慢才能够把词语组成句子。上学前班时，他常常话语不清，需要花费很大的力气去寻找能表达他想法的词汇。他的词汇发音也经常隐约有错并混淆发音相似的单词，如 polish 和 punish。尽管在两岁生日之前，他能认识从 0 到 10 的数字，但是，直到五岁时才掌握了组成他名字的字母。在学校学习阅读和书写时，他比大多数的同学迟缓很多。尽管具有很强的数字概念和数学推理能力，但是很明显，他要记住和数学相关的知识和公式却非常困难。

接受了特别的测试后，克里斯托弗被推荐到几个能帮助他阅读、书写、口头表达和词汇检索的专家那里进行辅导。他目前在上四年级，虽然阅读的准确性得到了改善，但是他仍然在与迟缓的写作、凌乱的手书和拼写做着斗争。

克莉丝汀早年也表现出了许多读写困难的迹象，在学习阅读时非常缓慢。据她父母回忆，直到上四年级，像克里斯托弗一样，她仍无法辨识单词的语音差异，如用 peaches 替换 pears，她也会纠结于如何将想法表达和拼写出来。克莉丝汀的听力记忆或语言序列记忆也很弱，如听写电话号码与拼写单词，而且，她难于去掌握抽象的她不容易想象的语言概念。

克莉丝汀回忆起早年在学校里的感受是“难以置信的无聊”和“令人厌恶的作业”，她听抽象的课程特别困难，初中和高中的成绩都很差，接近退学的边缘。让她警醒的是一次乘飞机的旅行，通过这次旅行她认识到“如果想在有生之年到处走走的话”必须进入大学学习，因此，她全力以赴将她的成绩提升到足以进入一所州立大学学习的程度。

克莉丝汀最初打算学习的专业是社会学或心理学，因为她发现这些专业最有趣，但是，她很快认识到，“如果不通过大量的阅读或写作的话，她肯定不能取得学位”。因此，她把专业改变为室内设计，取得学位后，进入了一家大的设计公司工作。

克莉丝汀的爸爸詹姆斯，作为一个 20 世纪 30 年代的小学生，已经不记得在学习阅读时遇到过什么不同寻常的困难。但是在他一生中，一直都表现出高智商和难于通过书面进行学习的矛盾，这正是程度不严重的读写困难者们的特征。他是一个很缓慢的阅读者，而实际上，他一点都不喜欢阅读。依靠青梅竹马、现在年近 60 岁的妻子芭芭拉的帮助，他才能够从高中和大学毕业。芭芭拉不仅帮助他完成了学业上的阅读，而且现在仍然帮助他在工作和商务上的阅读。

詹姆斯在学习生涯中对手写、拼写和写作最感头痛，到今天为止这些也是他的大敌。克莉丝汀打趣地回想起，小时候有一次过家家，她用一个纸板盒做了一顿想象的晚餐，然后，她请求爸爸帮她在纸盒的盖上写下“餐馆（restaurant)”这个词，詹姆斯想了一会儿，然后对她说：“你应该用一个更好的名字‘咖啡馆(Cafe)’来代替‘餐馆（restaurant)’。”在记忆与数学相关的事情上，詹姆斯也有困难，如记住乘法表（他从来没有记住过）、数学公式和一些定律以及步骤，另外，在做课堂笔记、理解词汇（特别是抽象词汇）概念、掌握一门外语、将注意力从一个主题转移到另外一个时也有障碍。除了科学课程很优秀外，他假装对学校所有课程都感兴趣。

当我们完全把注意力放在克里斯托弗、克莉丝汀和詹姆斯的与读写困难有关的挑战上时，如上所说，出现的都是狭隘的观点。现在，让我们看看，当我们打开眼界，把注意力集中在他们的优点而不是读写困难的挑战时，他们的表现又是如何的。

一个读写困难家庭：第二种观念

克里斯托弗从小就表现出读写困难者普遍具有的天资和才能。首先是强大的三维空间能力。例如，当他仅三岁时，全家出门旅行来到一个大宾馆，这个宾馆是由几个老式的、风格完全不同的建筑群组合而成。在前台办理完入住手续后，全家走了几分钟，并经过一个让人迷糊的迷宫通道后，到达了房间。他们一放下行李，就马上出去吃晚饭。几小时后，当他们返回宾馆时，小克里斯托弗自告奋勇要带领全家回到房间。令他的父母感到吃惊的是，他做得非常好，在带路过程中，没有一丝的犹豫和错误。

克里斯托弗的空间能力同时表现在他对建筑物恒久的热爱上。虽然他很乐意使用任何类型的建筑材料，但是“乐高”才是他的最爱。他常常花几个小时用乐高去搭建建筑群和进行独特的设计，在家里专门有个房间让他来做这件事。他对科学有浓厚的兴趣，并且酷爱探究事物是怎样工作的。

尽管一直都面临一些语言挑战，但是，克里斯托弗的语言能力也使人印象深刻。他喜欢故事，在他会说话之前常常全神贯注地聆听大人朗读长篇故事，如《这只绒布小兔子》。现在，他的阅读技能已经得到提高，他成了一位贪婪的读者，他读书既是为了娱乐，也是为了获取信息。尽管他有语言表达的困难，但是，克里斯托弗在IQ测试中的语言分数却是最高的。

当我们用扩展的观点来看克莉丝汀时，她也表现出了很多不同。虽然她难于记住多种抽象词汇，但是她在其他方面的记忆力异常的优秀。用一个想象的键盘，在心里敲出数字，克莉丝汀能够回忆起一长串的电话号码，包括许多她曾经工作和居住过的地方的电话号码以及儿时朋友们的电话号码。

另外，克莉丝汀和她儿子克里斯托弗一样，有很强的空间感并能迅速地以她自己的方式熟悉周围的新环境。她对过去的人和地方有异乎常人的视觉记忆。她能够轻易地“看见”童年时，在每个班级里她坐的位置、邻桌同学是谁、同学的穿戴以及教室墙壁上的装饰。

克莉丝汀大多数的记忆都有一个强大的环境背景，个人的、或带入了过去经历的“情节”元素。克莉丝汀经历的这些记忆就如戏剧场景般在她脑海里上演。这些场景描绘出所在的地点以及遇到的每一件事情、物体、人物、时装、歌曲或其他被记住的项目，包括她当时和谁在一起、她看见或听见了什么，以及她的感受如何。当阅读或聆听故事时，克莉丝汀会身临其境地感受到故事中同样的声音、颜色、触摸感觉和情感。就像我们将要在后面几章中看到的一样，这种生动的场景记忆在读写困难者中特别常见，而与之相伴的是在抽象语言、语义以及记忆力方面的弱势。

如同许多和我们一起工作的强大的“自我”学习者一样，克莉丝汀同时也发现学习成为一个非常自我的，几乎是亲密的行为。在上学期间，这使得她的学习高度依赖于她与老师们的关系，以及她对教材的兴趣。

由于克莉丝汀非凡的场景记忆能力，老师们就利用她能生动回忆起个人经历的优势，引导她运用独有的方式去学习，而不是用填鸭式的教学方法逼迫她去死记硬背来学习知识。

这些认知特点，帮助克莉丝汀在职业生涯上获得了巨大的成功。大学毕业后，她进入了一个专门进行办公室空间设计和家具陈设的公司，并迅速地成为公司在全国范围内产品设计和销售业绩最佳的员工。对于她职业的成功，克莉丝汀归功于她的空间想象和记忆能力，这些特长都让她去想象，当内部空间有很多改变时，办公室看起来是怎样的。她同时也发现了自己所具备的使她在工作中如鱼得水的无尽的能量和动力。她经常被要求去工地、供应商产品展示间、客户的办公室进行实地考察，并频繁地通过电话为客户解决问题。她不喜欢学校生活，因为那总是使她每天被动地坐在教室里度日如年。

克莉丝汀的爸爸詹姆斯，也发现了在学校里给他带来麻烦的许多认知特点，日后却在工作中成为取得成功的关键因素。相对于在课堂上几乎没有给人任何有指望的表现，在校外，詹姆斯却展示了他非凡的聪明和早熟的心智。六岁时，他建造了第一艘无线电控制的小船，在船上还特别设计了一个隔间去装他的午饭。他花费大量的时间去将东西拆开以便知道它们是怎样工作的。一个到他们家来安装新炉子的电工花了一些时间给他展示工具和技能后，他在电子方面的兴趣被大大地激发了。

詹姆斯同时也发展了对磁学的兴趣。第二次世界大战时，他是一个学生，成打的装满沙子的水桶被运到他们学校，用作灭火材料，他通过在桶里玩耍一个磁铁证实了沙子里包含了很多铁。但是，不仅没从学校得到对这种实验科学兴趣的鼓励，反而因玩沙而受到了惩罚。

在十年级的科学课上，詹姆斯遇到了一个能够回答他具有洞察力的问题的老师，这个老师也能引导他进入新的更深的兴趣领域，因而化学和物理成为他的最爱。他很高兴有一个老师认识到他是一个非常有前途的学生。作为回应，詹姆斯不仅完成了学校要求的阅读量，而且努力读完了几本更高级的书籍。课外，通过为那位早已成为他朋友的电工工作，增强了他在电子方面的知识。高一后的暑假，詹姆斯用他的知识建造了一台商业级的调幅无线电台，并卖给了当地的一家企业。

在里德学院拿到物理学学位后，詹姆斯去了位于华盛顿州里奇兰的巴特尔纪念研究所工作。在那里，由于杰出的才能和创造力，他迅速成为出类拔萃的发明家。他的第一个专利，是关于电子束焊接的，然后，他用自己发明的稳恒流设备，解决了客户们的很多问题。

然而，詹姆斯最出名的发明不是诞生于解决客户的问题时，而是源于他自己的需求。他一直酷爱古典音乐，一遍又一遍地播放喜欢的唱片。当时，所有音乐都是收藏在 LP 唱片里的，在反复播放喜欢的唱片时，他被伴随着音乐同时发出的吱吱声、划痕以及大块的跳针折磨得接近发疯。为了找到消除唱针和黑胶唱片上沟槽之间反复物理接触而引起磨损的方法，詹姆斯想象在一个系统里面，一个光学阅读器能探测埋在一个小盘里的数字信息，这样的话，就绝没有实体接触了。几年以后，詹姆斯发明了由七个元件组成的被称作为 CD 激光唱片的系统。这项发明不仅是对音乐，而是对所有种类信息的储存和检索，都有极其深远的意义。事实上，在很多“二十世纪最重要的发明”名单上，您都会发现詹姆斯·T. 罗素（James T. Russell）的 CD 光盘系统。

今天，年近八十的詹姆斯作为一名发明家还在行动着。有将近六十项以他名字命名的美国专利，还有另外四项正在进行中。在家里的实验室里，他每天连续工作九个小时，他很有信心地认为他最好的发明还在路上。

读写困难和才能：一种基本的关系

虽然詹姆斯、克莉丝汀和克里斯托弗的生活在很多方面都是与众不同的，但是也展示出了许多读写困难者共有的思维和处理问题的方式。实际上，这些方式在和我们合作的其他读写困难家庭里面也反复出现，使我们相信读写困难者的某些优势和他们在阅读和拼写中遇到的挑战一样，是读写困难的组成部分。

请注意，并不是说读写困难者的才华是因读写困难带来的，就像富兰克林·D. 罗斯福（Franklin D. Roosevelt）克服脊髓灰质炎成为美国总统一样。相应地，我们可以得出这样的结论：读写困难者的某些才能和他们普遍为人所知的缺点成正比，即，优点和缺点就好似一枚硬币的正反两面。

我们使用棒球运动作为一个例子来解释这种联系。请看以下的运动员们：

贝瑞·邦兹（Barry Bonds）、汉克·阿伦（Hank Aaron）、贝比·鲁斯（Babe Ruth）、威利·梅斯（Willie Mays）、肯·葛瑞菲（Ken Griffey，Jr.）、塞米·索萨（Sammy Sosa）、弗兰克·罗宾逊（Frank Robinson）、马克·麦奎尔（Mark McGwire）、阿莱克斯·罗德里格兹（Alex Rodriguez）、哈蒙·克莱顿（Harmon Killebrew）、拉斐尔·帕梅洛（Rafael Palmiero）、雷吉·杰克逊

(Reggie Jackson)、吉姆·汤米（Jim Thome)、迈克·施密特(Mike Schmidt)、曼尼·拉米雷斯（Manny Ramirez)、米奇·曼托（Mickey Mantle)、吉米·法克斯（Jimmie Foxx)、弗兰克·托马斯（Frank Thomas)、威利·麦考菲（Willie McCovey)。

如果您非常熟悉棒球运动，应该知道其中的一些名字；如果您是真正的粉丝，应该认识以上所有的球员。这些是在过往比赛中最伟大的球星。同时，您可能会惊讶地发现他们全是三振出局榜上有名的人。

这似乎像一个相当不受欢迎的特质，因为，毫无疑问，三振出局是一种错误，就像拼错一个单词、误读一个句子或难于辨认的文字一样。如果您只了解在职业棒球大联盟历史上，以上这些球员三振出局的次数多于几乎其他所有球员的话，您可能会认为他们是很差的球员。您甚至会得出进一步的结论：他们都无击球能力，并患有如“击球功能失调综合征”或“接触缺陷障碍”。

但是有一件事情是肯定的：这些球员是前所未有的顶尖19%全垒打的击球员，这些顶尖球员对比赛的价值观与见解非常特殊，他们认为，与其为了避免出现三振出局而慢慢进行比赛，影响自己和队友的心情，还不如全垒打得分（全垒打所需的挥棒力量很大，力量越大，挥棒的灵活度就越小，就越容易引起三振出局——译者注）。当然，得分比避免三振出局更重要，所以说，这份失败者名单展示出的是一些最成功的棒球冠军。

全垒打和三振出局之间的关系像极了读写困难的优势和劣势之间的关系。读写困难的大脑在处理读写时是不完美的，但是在处理其他复杂事物时却是熟练的。正是因为这些读写困难的大脑已经被构造成容易进行“全垒打”，所以，他们就具有更高的在看字读音和拼写单词时出现“三振出局”的风险。这些缺点相对于优点来说一点都不重要。

发现了这些优势后，如何利用这些优势去帮助读写困难者在学业和工作中取得成功是这本书所要带给大家的。在第二部分，我们将开始这些研究，揭示读写困难和非读写困难大脑分别是怎样构造和工作的。正如您将看到的，它们之间的这些差异是引起读写困难者劣势和优势的根源。

2

与众不同的大脑

第三章

信息处理上的不同

在讨论读写困难大脑和非读写困难大脑间主要差别之前，先看看和读写困难有关的行为或“症状”。以下是读写困难者所遇到的挑战，这些挑战是专家们一直关注的。

第一个是和语言有关的挑战。表现出说话晚，以及改变、遗漏或颠倒词汇（例如 Berlapse/relax、wold/world、pasghetti/spaghetti），甚至发明他们自己才使用的特殊词汇。读写困难者常难于在记忆里检索或搜寻合适的词汇，他们可能很慢才能掌握时态、语态、发音或其他语法规则。

在学前班或小学一二年级，读写困难孩子经常在理解节律、单个元素发音（例如：c-a-t）以及不同字母的读音上遇到困难。同时，大多数读写困难孩子，有明显的阅读和拼写困难。而有些孩子具有的问题是非常微妙或“隐秘”的——我们称为隐秘读写困难——早期根本诊断不出来，但是后来在写作上遇到困难或表现不佳时才引起注意。

很多读写困难学生在以下方面都存在着问题：手书、文字表达、基本运算能力及与数学相关的机械记忆力、做事效率、动作协调性、听觉的抗干扰力、视觉的精准度、指令执行力、短期记忆力、纠错力、时间及空间感、专注力、计划组织能力以及掌握程序、调整节奏等方面。读写困难者可能在学习怎样按规则（语法和句法）将词汇组成句子时，也会遇到不易察觉的困难。这些问题在小学五六年级时才会出现，因为到这个阶段学生才被要求表述更复杂的思想，以及阅读和书写更复杂的句子。

上面列举的挑战，似乎让读写困难者面临着一大堆不同的“问题”。实际上，根据研究结果来看，所有这些问题都能追根溯源到大脑结构和功能上的微小变异。由于这些变异存在于大脑基本处理系统里，而许多不同的功能需要使用这些基本处理系统，因此这些功能就引起了上述种类繁多的“症状”。对于大多数读写困难者而言，微小的潜在变异就能导致所有和读写困难有关的这些症状出现，甚至对于很多已经诊断为除读写困难外，还具有其他障碍的人也是如此（如注意力缺乏症、运动障碍、发展协调障碍或言语听觉处理失调）。

在本章和下一章，我们将介绍和读写困难有关并已经被发现的四个重要的大脑变异，并调查这些大脑功能或结构的变异是如何引起上述症状的，以及和读写困难有关的挑战和优势。在本章首先介绍两个和读写困难相关的在信息处理（或认知）上的变异。

语音处理

我们要讨论的第一个问题是在大脑语音处理系统里的一个变异。这个系统是用来处理音素的，音素是基本的声音元素。英语中有大约44个音素，就像字母表中的字母串在一起能组成单词一样，在英语里，音素被串在一起就形成所有能读出的字和句子。

三十多年以来，大多数阅读专家都喜欢用语音障碍理论中大脑对语音处理的观点，来解读读写困难者阅读和拼写的问题，即阅读和拼写困难“是由语言中语音成分缺乏所引起的”。

语音障碍理论认为语音障碍在引起阅读和拼写挑战时扮演了一个关键的角色。在80％～90％的读写困难者中，都存在语音处理的问题，语音处理与前面所提及的许多问题有关。在展开讨论前，我们先来看看几个关键点。

语音处理系统在分析和操作词语的声音结构上是一个重要的处理系统。语音处理系统的许多功能是非常重要的，比如要求构成读出词语（解码）和拼写词语（编码）的基础声学规律。两个最重要的语音处理（或语音意识）功能是声音分割（把听到的单词分割成元素声音）和声音辨识（或区分单词读音）。大多数的读写困难者受困于一个或两个这样的能力，这使得他们不容易掌握基本的阅读和拼写技能。

虽然，语音处理是最基本的构建语言的基石，它仅涉及低水平或精细的语言处理，但它是整个语言结构和许多更高级语言功能的支柱。这就是为什么严重的语音处理问题能导致所有级别语言困难的原因，如掌握单词的意思、学习语法和句法、理解词汇如何组成段落或文章。由语音障碍引起的很严重的高级别的语言问题，被称作“特殊语言障碍”，它和一般的语言障碍的基本性质都是一样的。

语音处理在工作记忆和执行力上也起着重要的作用。工作记忆是一种短期到中期的记忆，它帮助我们主动地、有意识地“把东西保留在心里”，很像计算机里的随机存取存贮器（RAM）。语音处理系统形成了一个语音回路（或短期记忆追踪），该回路保持听觉词语信息在主动的工作记忆里不被抹除，直到该信息被加工、组织和使用为止。

当听觉词语工作记忆被限制（或功能跨度太短）时，在大脑还没有完成所有需要执行的处理动作之前，“内部的语音跟踪”就逐渐消失了，结果是工作记忆超负荷，这会引起如下的症状：

不准确的语言加工、以语言为基础的学习会更慢、组织和任务管理有问题，以及在遇到有难度的任务时表现出不专心。工作记忆超载如同用小内存的计算机去运行大程序，起初这个程序将运行很慢，然后发出错误的信息，最后运行完全停止。

工作记忆超载问题在读写困难学生中是非常普遍的。它们首先出现在小学一二年级第一次遇到复杂的功课如阅读、写作和数学时；峰值再次出现是在组织和学习技能被第一次强调的小学三四年级；在初中和高中阶段，当语言和组织的要求变得更复杂时，又会引起一个新的挑战峰值的出现。

工作记忆在注意力或执行力的其他方面也起了关键的作用，如组织、计划、实施和任务监督。这就是为什么由于语音处理问题引起工作记忆被限制时，学生们就会遇到与注意力有关的全方位的挑战。这类学生常常被诊断为注意不集中症（ADHD）。

语音处理问题经常被归因于大脑左半球的结构变异，特别是在左颞叶的语言区域的变异。这些变异的精确原因还没有被完全了解。有些研究者相信，在大脑早期发育过程中，当大脑细胞形成功能网络时，变异就发生了。由于这些功能网络没有以一个集成得很好的格式形成，语音信息的处理系统就被损害了。其他的研究人员已经提出了，这些损害是由在学习“基于规则的程序”中出现的困难所引起的，或者是大脑回路结构上的遗传变异所带来的。我们将在本章和后续章节讨论这些假设细节。

现在，让我们集中精力讨论被损害的语音处理能力是否会带来读写困难所伴随的挑战和优势。显然答案是否定的。低下的语音处理能力与读写困难的普遍缺点（手书时手指的协调性问题、阅读时眼睛运动的控制或言语肌肉对言语清晰度的控制）之间没有直接的关系。更重要的，语音处理的损伤不能解释我们已经看见的克里斯托弗、克莉丝汀和詹姆斯所拥有的与读写困难有关的优势，如强大的机械和空间能力以及非同寻常的定点定位能力。

在读写困难的大脑中，一定存在一些更根本的差别。这些差别导致语音处理问题以及其他的挑战和优势。在第四章中，我们将讨论余下的三个与读写困难相关的大脑变异，我们会对每一个变异都提供更基本的解释。

程序式学习

下一个存在于读写困难和非读写困难大脑之间的关键差别与程序式学习系统和程序记忆有关。程序式学习和读写困难领域的权威专家之一，英国心理学家安吉拉·福赛特博士（Dr. Angela Fawcett）描述了程序式学习以及它和读写困难之间的关系："程序式学习是学习怎样去做一些事情，并到自动地、不加思考地就知道怎样去做的地步。对读写困难者来说，要达到这个程度，比一般人要困难得多。"

读写困难者中有一半的人在程序式学习时都有严重的问题，因此，他们将会更慢地掌握所有基于规则的技能、程序技能或机械记忆技能，和通过重复练习能够成为下意识的技能。因为最基础的学术能力都极大地依靠规则和程序，如果程序式学习有问题的话，就将引起学业挑战，这些挑战在低年级时还常常特别严重。

例如，大多数的语言能力要求能连续地、快速地和轻松地应用规则和程序，包括区别单词的发音、正确而清楚地读出单词、拆分单词成元素声音、掌握基本的读音（解码）和拼写（编码）规则、识别节律、了解改变词汇的外形能改变词汇的意思和功能（形态学，例如 run、ran、running、runner、runny 等）、理解句子的结构和词汇顺序的不同能影响句子的意思（语法）、知道语言的风格和语用学（承载重要社会线索的语言传统）。

很多其他的专业技能也是遵循一定规则的，如能机械地（自动地）记忆和数学有关的信息、日期、标题、定义或地名；记忆复杂的程序或规律，如长除法、递延交易、借款或处理数学中的分数等；有关联的一组事物，如字母表、一周中每一天的叫法、一年中每个月的叫法；写作传统，如标点和大写；手写书信时的规则甚至单词之间的应有空格。

有程序式学习困难的人们，在通过观察和模仿其他人来学习完整的和复杂的技能即内隐学习时，也会遇到困难。然而，当规则和程序被分割成数个小的、更容易掌握的片段并能被清楚演示即外显学习时，他们能学得更好。当您认识到程序式学习对最基本的技能是多么重要时，您就能明白为什么程序式学习困难一直被当作带来如此多的与读写困难有关的挑战的原因。

由于对程序式学习有困难的人在学习“基于规则的技能”时也有困难，所以，他们必须进行有意识的补偿，或把集中精力和激发工作记忆相结合才能履行这些技能。这样做的缺点是如果一个复杂工作有太多的部分要求人们必须有意识地集中精力才能完成的话，那么，完全有可能导致工作记忆的崩盘。因为有程序记忆问题的人在执行任务时，必须有意识地去做这些工作，这样常常使得他们的工作记忆超载，从而导致他们在处理日常事务时更缓慢并会出现更多的错误。

有程序式学习挑战的人，为了掌握复杂的技能需要更多反复学习的时间。安吉拉·福赛特博士（Dr. Angela Fawcett）的解释如下：“您能教会一个读写困难的孩子规则是什么，他们也表现出已经掌握了该规则，但是，这些规则不久就会被忘得一干二净。因此我们总结出了‘平方根规律’，即如果您是读写困难者，那么，您将花费多于一般人所需学习时间的平方根的倍数去学会同一件事情。换句话说，如果一般人花了四个小时去学会某件事，读写困难者将花掉八个小时（$4\times\sqrt{4}$）才能掌握；如果一般人花100个小时，那么读写困难者将花费1000个小时（$100\times\sqrt{100}$）。现在，您能够知道，读写困难的孩子要做多少额外的工作才能发展和其他孩子一样的技能了吧？”

读写困难者和有程序式学习困难的人，如果不去练习，也会更快地忘记他们已经学到手的技能。“经常听到老师们说‘这个孩子在六周前好像已经学过了，但是现在一切都回到了起点，所学的知识已经消失得无影无踪’。这其实已经在告诉老师，这不是由于这个学生不努力，而实在是和基本的学习方法有关。实际上，读写困难的孩子比其他人更为努力，学习和记忆规则的困难引起了学习方法的差异。当您了解这些以后，您会认识到，这些孩子没有什么应感到羞愧和气馁的，我们应该教会他们使用特殊的策略去避开这些弱势。”

从神经学的观点来看，程序式学习所遇到的挑战常常和小脑里一个小而致密区域的机能失调有关。虽然小脑只占大脑重量的10%～15%，但是，它几乎含有大脑一半的脉冲传导细胞或神经元。神经元的功能在很长时间里都被认为主要是有助于运动（或以运动为基础的），但是，在过去十年里，科学家们已经开始认识到大多数通过练习就能成为下意识的动作或技能上，神经元也起了关键的作用，无论这些动作或技能是否与运动、语言、“内在言语”、工作记忆或注意力的其他方面有关。

今天，有大量的证据表明，至少有一半的读写困难者在程序式学习上遇到了困难。典型的，这部分读写困难者在测试时，显现出轻微的小脑功能失调的信号，例如，肌肉紧张度低、运动协调性差，以及定序困难、定时困难、节奏掌握困难和时间意识困难。

程序式学习困难的高发生率使得安吉拉·福赛特博士和她的合作者心理学家罗德尼克·尼科尔森（Roderick Nicolson）提出了读写困难的程序式学习理论，这个理论假想读写困难的许多表现都是由于程序式学习困难造成的。这个理论最大的优点是，它合理地解释了读写困难者普遍存在的与语音和语言体系明显无关的症状，如在运动控制和协调性方面的一些挑战。我们发现，程序式学习理论对于理解和解决某些读写困难者在学习中遇到的挑战特别有帮助。这些读写困难者常常表现出以下的特点：在WISC IQ（韦氏智力）测试中，处理事情的速度得分很低；工作产出很低；有手书运动和眼睛运动控制的问题；对数学的机械记忆问题；存在更多的语法和表述性语言问题；有排序困难以及时间意识很差的问题。

程序式学习理论的另外一个优点是，它预测了我们经常在读写困难者中观察到的一些优势。例如，一方面，读写困难者在日常工作中常常表现出动作慢和效率低，但另一方面，对常规技能缺乏下意识的能力，常常使他们在做事情时更用心并专注于他们所做的事。因此，我们已经发现，读写困难者经常在日常工作中进行创新和实践，并发现新的和更好的做事方法。与之相反的是，有强大程序式学习能力的人们能用他们被传授的方法去迅速地完成任务，反而没有对这些任务进行认真思考，因而他们少有创新。所以这种读写困难处理问题模式的意外所得成为他们的优势。

程序式学习理论仍然有几个缺陷，无法全面解释读写困难。很多读写困难者并没有表现出碰到了程序式学习的挑战，并且在后面几章中要描述的读写困难的优势也不能被轻易地归结为是由于对任务的专注而取得的。因此，对读写困难的挑战和优势的全面解释必须更科学地研究大脑结构。

第四章

大脑结构上的不同

1998 年，罗杰·斯佩里博士（Dr. Roger Sperry）获得了诺贝尔奖。因为他发现了大脑的左右两个半球是以不同的方式来处理信息的。从那时起，书本和杂志就一直向大众普及这样一个观念："右脑"和"左脑"的思维方式是非常不同的，并且分为以"右脑"认知为主的人群和以"左脑"认知为主的人群。虽然关于大脑功能的这些观点太过于简单了，但是大量的事实证明了左右两个脑半球的确是以完全不同的方式处理信息的。

简单概括如下：大脑的左半球专门从事精细加工。它仔细地检查目标和想法的组成元素，精确地描述它们的特性，把它们相互区别开来。大脑的右半球负责处理大规模的、大局面的、"粗略"的、"全方位"的目标和想法，它尤其擅长捕捉把事情联系在一起的纽带；发现实体和想法之间的相似之处和关系；觉察局部是怎样和整体相关联的；辨别目标或想法的本质、要领和目的；识别为了理解特定目标所需的相关背景或内容。

左右脑半球功能的差别好比树木和森林、精细和粗略、文本和语境、局部和整体。这些差别能在大脑的不同处理系统中以重要的方式显现出来。考虑这样一个场景：当看着一个目标时，左半球发觉精微的细节和零件的特征，但是，它不能将这些特征"绑定"在一起，形成一个整体。例如，左半球能看见眼睛、耳朵、鼻子和嘴，但是，它不能识别脸。同样，左半球能看见窗子、门、烟囱和瓦，但是，不能看见整个房子。为了发觉更大的目标，左半球需要右半球所具备的处理大局面的能力的帮助。

我们谈及这个话题是因为种种迹象表明，读写困难大脑半球处理信息的方法和非读写困难大脑不一样。有研究表明：在身体成长时期，读写困难者比非读写困难者更广泛地使用他们的右脑来处理事物。这类差别已经表现在了很多听、看、运动功能上，并且有些差别也体现在阅读和语言上。

读写困难者和非读写困难者之间的不同，除了大脑结构和信息处理的不同外，第三个不同是大脑半球间分工的不同，我们将在找寻读写困难者的挑战和优势的潜在因素时涉及这第三个不同。

真的是用更多的“右脑思考”模式吗

几位知名的作家已经观察到，在处理信息时，读写困难者表现出明显的更多地使用“右脑模式”或“更喜欢”这种模式。对于他们之间的这种联系，作家托马斯·威斯特（Thomas G. West）在他的奇书《心灵之眼》（*In the Mind's Eye*）中，给出了一个特别有力的例子。威斯特本人也是读写困难者，他写道：“右脑的处理模式直接和视觉以及空间想象能力有关，这已经显现在许多读写困难者身上。”

科学家已经发现了读写困难者在阅读时，更多地在使用大脑右半球。这个差别在1990年代后期第一次被耶鲁大学的萨利·施威茨博士（Dr. Sally Shaywitz）和班尼特·施威茨博士（Dr. Bennett Shaywitz）所证实，他们使用了功能磁共振成像（fMRI）的大脑扫描技术去观察读写困难者和非读写困难者在阅读时大脑的活跃区域。阅读专家玛丽安·沃尔夫博士（Dr. Maryanne Wolf）总结这项工作为：“读写困难大脑坚持使用右脑半球多于左脑半球。”

这种偏重大脑右半球处理事务的方式，首先表现出从正常的左脑模式“向右转移”，实际上反映出缺乏一般人阅读时“向左转移”的模式。吉妮维尔·伊甸园博士（Dr. Guinevere Eden）

和她在乔治城大学的同事们指出，大多数刚开始的阅读者，就如读写困难者一样，是在平等地使用他们的大脑右半球和左半球，但是，随着阅读练习的加深，大多数非读写困难的人逐渐转移到主要使用大脑左半球处理的模式中去了。

要使这个转移主要去到左半球或叫作“专家”处理模式，读写困难者有个极其艰难的时段。如果没有强化训练，他们倾向于保持这种严重依赖右半球的、“不成熟”或“入门级别”的处理模式。

读写困难者喜欢主要使用右半球的“初学者”路径，引出了两个重要的问题：首先，为什么读写困难者表现出严重的对大脑右半球的固执依赖？其次，这种坚持的结果，对读写困难者思考和处理问题的模式会带来怎样的影响？

在开始讨论第一个问题时，需要强调的是阅读线路不只是与大脑路径有关，因为大脑路径通过练习和实践就能从右脑处理模式改变成左脑处理模式。我们能看见这样的变迁，并且随着技能的提高，大脑的处理模式也有发生相应改变的需要。

当接受一个新的指令时，右半球帮助我们从整体和本质上解读这项指令，也帮助我们判断新指令是否和我们以前已经做过的指令相同，以便于我们更好地去解决问题以及注意容易被忽略的细节。右半球自上而下的或叫作全局的处理风格，对于在模糊的早期阶段，避免误判是非常理想的。由于我们缺乏已有的技能而不能迅速和有效地执行某些指令时，右半球的这种处理风格也是非常宝贵的。

随着大脑越来越熟悉指令的目的和要求，全局的处理方式也更加要求精确性、有效性、快速性和自发性。这时，左半球就加入了，随之而来的是更强的处理细节的能力。这些能力是圆满完成一项指令的保证。

有据可查，音乐旋律的感知力在经过训练后是从大脑右半球向左半球转移的。研究者们已经发现，没有接受过音乐专业培训的人，在听音乐旋律时，主要使用他们的大脑右半球，因此，他们能抓住旋律大的特性（要领）。与之相对的是，音乐家们更倚重于他们大脑的左半球，因为，他们的精力集中在细节和技术层面的表现上。

非读写困难者通过训练获得熟练的技能后，处理问题的方式能从大脑右半球向左半球转移，但读写困难者不能实现这种转移，也不能通过训练来掌握专门知识或技能。就如我们上一章指出的，很多读写困难者都表现出了这样的困难，特别是在掌握“基于规则的”技能，如和阅读有关的技能上，由于掌握阅读技能的迟缓，明显地使得左边路径发展缓慢，相对也延长了对右边路径的依赖。除了阅读技能外，读写困难者在获得其他专业知识的过程中，也会更多地使用右半球处理模式并遇到同样的困难。

过多地使用大脑右半球部分解释了为什么读写困难者专业技

能发展迟缓以及缺乏下意识的能力。那么，这些右半球处理方式所引起的后果是什么呢？我们使用语言作为例子，来看看大脑右半球和左半球处理信息的差别在哪里。

2005年，西北大学的心理学家马克·比曼博士（Dr. Mark Beeman）发表了一篇令人瞩目的描述两个大脑半球处理语言的差别的文章。文章指出，当人脑获得一个特殊的单词时，每一个半球都通过激活它自己的“语义场”来分析这个单词，或收集描述这个单词的定义和例子。重要的是，左半球和右半球里的语义场在做这些分析时，是以完全不同的方式来进行的。

左半球激活相对狭窄的信息场，集中在“主要的”（最普遍的）和字面上的单词意思上。这个狭义场特别适合复杂程度不高或需要精确和迅速解释的语言，例如，理解直截了当的信息或跟随简单的指示。它对快速和有效地处理语言也是有用的。因为，说和写需要快速获得特指词汇（而不是混合或组合词汇），模糊或犹豫越少越好。对于这种情况，左半球狭窄的语义场是非常理想的。相比之下，大脑右半球激活了词汇广泛的潜在意思。这些意思包含了“第二个”（或更远的）单词的定义和关系，例如，同义词、反义词、比喻意义、幽默连接、讽刺意义、该单词的用法和意义，以及具有相同“风格”（如，正式的/非正式的，现代的/古代的）或主题（如有关沙滩、化学、情感、经济等）的词汇。激活这个广泛的模式是缓慢的，然而内容更丰富。这就是为什么右半球对于解释模棱两可的、复杂的或比喻的信息特别有用的原因。右半球的这些功能对理解或生成包括暗喻、玩笑、推理、故事、社会语言、模棱两可或矛盾等语文都特别有帮助。

我们请比曼博士解释大脑右半球擅长“联想”的语义处理方式。他举例回应道：“考虑这样一个句子：‘萨曼莎光脚走在沙滩上，并不知道附近有玻璃。然后，她感到了痛并且喊了救生员来帮助。’当大多数人听到这个句子时，他们推断，萨曼莎的脚被划破了。但是，注意这个句子并没有明说她的脚被划伤了，或她踩到了玻璃上。这些事实都是通过推理得到的，而这些推理都是大脑右半球做的。之所以会产生这样的推断结果，是因为大脑右半球探测到了在语义场里术语‘光脚’、‘玻璃’和‘疼痛’之间的重叠。”

大脑右半球的联想功能，是读写困难者在读和听时所需要的。解码问题常常使得读写困难者在识别印刷文字时有困难，他们也难以辨别相似度较大的词汇。因此，他们必须经常使用语境线索去填补被遗漏的信息，这刚好是右半球擅长的。读写困难者增加了对右半球的依赖，恰好是一个理想的补充。

对大脑右半球处理模式的依赖，可以帮助解释读写困难者普遍表现出来的许多优势和劣势。劣势即挑战方面：和大脑右半球紧密和宽泛的连接能导致更慢、更低效、更缺乏精确度，和更费力的处理模式。特别是在处理精细任务时，这将使工作记忆承担更大的负荷。在优势方面：右半球提供了广泛的、创新的网络连接、能捕捉更远和不一般的关系，以及探寻推理和澄清模糊状态的技能。

以上都是这个理论的优点，它同样有很大的缺点：如果在认知上“读写困难的差异”完全是由倾向使用大脑右半球所引起的，那么，我们可以通过足够的培训产生从右脑到左脑处理模式的转移，这样，就可以使读写困难者在认知模式上成为“像其他人一样”。但是，实际上，我们所看见的并非如此。

读写困难者通过足够的训练，在阅读时，产生了从右脑到左脑的转移，但并不是和完全“正常”的阅读者一样。他们只是成了一类特殊的技艺精湛的“读写困难阅读者”。意思是这类读写困难阅读者和聪明的非读写困难者相比，阅读速度仍然很慢，他们同时也和大多数其他读写困难者一样需要依赖要领和上下文，形成了以联想为基础的阅读风格。

经过训练后，大脑对信息的处理尽管已经从右半球移动到了左半球，但是仍然坚持使用宏观处理模式说明了还有一些更基本的因素存在于读写困难处理模式中。一个极有可能的更深的因素最近已经快找到了，但是，它似乎无法解释读写困难所具备的优势的根源。

脑回路中的变化：全局处理方式PK细节处理方式

肯塔基大学医学院的曼努埃尔·卡萨诺瓦博士（Dr. Manuel Casanova）发现了第四个也是最后一个读写困难的大脑差别。过去二十年以来，卡萨诺瓦博士研究了细胞和细胞之间的连接，即神经元之间的连接。神经元是人脑里负责信息处理的细胞。鉴于卡萨诺瓦博士作为精神病医生、神经病学家和神经病理学家丰富的知识结构，他已经在超大范围内调查了不同“类型”的大脑，包括临床上的“正常”和被诊断为各种认知或精神问题的大脑，也包括读写困难者的大脑。

在分析了大脑里神经元之间的联系后，卡萨诺瓦博士弄清了一个关键的特征，那就是读写困难的诱因和右脑认知模式之间的联系。读写困难大脑神经元在结构上的特征是：在大脑皮质层中神经元的功能簇之间存在着非同寻常的宽大间距。为了解释为什么这个发现是如此的重要，我们必须首先复习一下皮质层的结构和功能。

皮质层是覆盖在大脑表面的薄薄的细胞层。在皮质层里的神经元使用化学和电子信号的结合来进行相互交流。在这个过程中，产生了我们许多更高级的认知功能，如记忆、语言、感觉、注意力和意识。

在皮质层里的细胞，组成了被称作微柱的功能单元：“柱”是因为它们垂直排列，“微”是因为只有使用显微镜才能看得见。研究人员们将极微小的电极插入大脑皮层去记录皮质层与电有关的活动时，才第一次发现了微柱。当他们将电极在皮质层垂直地一插到底，像在生日蛋糕上插上蜡烛一样时，研究人员们发现细胞相互堆叠在一起，对刺激做出一致的反应。相比之下，当研究人员们将电极与大脑表层成一个角度插入时，这些细胞对刺激并不一起发生响应。这个结果说明了，这些细胞按功能被组合成了微小的垂直延伸到大脑表层的柱体，即微柱。

为了处理更多更高级的信息，微柱必须被连接成基本的电路，就如计算机里的微晶片必须被连接在一起才能创造出更高级的处理功能一样。当然，不像计算机的芯片，微柱是不能被焊接在一起的，而是被轴突所连接。一个微柱里的神经元产生出长长的突起物，即轴突，轴突与在其他微柱里的神经元相连，这样就把众多的微柱连接在一起了。轴突就像来自于神经元的电线一样，而神经元是被包含在微柱里的。

卡萨诺瓦博士检查了许多不同大脑中的微柱和轴突的排列后，发现每个人所有的微柱之间，都表现出了一致的间隔模式。他同时还发现，微柱的间距度在总人口中以钟形曲线分布（正态分布），在钟形曲线一端的人拥有非常紧密的拥挤的微柱，同时，在曲线的另一端的人却有着宽间距的微柱。

卡萨诺瓦博士同时还注意到，每个人的大脑微柱的间距和大脑中连接微柱的轴突的大小和长度有密切的关联：微柱间距很小的人脑表现出更短的轴突，形成物理上更小或更多的本地电路。而拥有微柱分布间距大的人脑，表现出更长的轴突，形成物理上距离更远的连接。换句话说，拥有紧密微柱间距的大脑，倾向于在附近的微柱之间形成更多的连接，同时，微柱之间间距较大的大脑，会形成更多的长距离之间的微柱连接。

对远程或本地连接的“偏好”，是非常重要的，因为这将导致电路的巨大差别和它们能够胜任的工作类别。本地连接特别擅长处理精微的细节，即长于仔细分类和辨别关系密切的事情，无论这些事情是听起来不同，还是看起来不同或是概念不同。偏好形成更多这种短距离连接的大脑，总的来说，在注重细节的任务上，表现出高水平的技能，注重细节通常是指“提取”目标或想法的细微特征。

相比之下，远程连接的大脑弱于细节处理，但擅长识别大的概念和特征，即胜任宏观的任务。例如识别全局、语境、事情或思想的目的，合成目标及想法，发觉关系，和创造与众不同的但是富有洞察力的连接。虽然，远程连接对熟悉的事务也是缓慢的、低效的、不可靠的以及缺乏鉴别细节的技能，但是，远程连接形成的电路对解决问题，特别是在新的和变化的环境中，却是很有用的。

注意，和短距离（本地）连接有关的优势非常契合我们以前提及的左脑处理技能；长距离（远程）连接有关的优势非常契合右脑的处理技能。同时也请注意，远程连接的处理模式，即“长于大局面/弱于精微细节”，也是和我们描述的普遍存在于读写困难者之中的认知相吻合。

鉴于这些相同之处，我们可以预测读写困难大脑将倾向于偏爱大间距的微柱和更长的脑回路。这正是卡萨诺瓦博士在调查读写困难者大脑中连接模式时所发现的。

我们请求卡萨诺瓦博士用简单的术语来解释为什么较长的连接可能有利于大局面的加工。他回应说，当微柱被连接形成一个模块化系统时，更高级的认知技能出现了。他用一辆车作例子，一辆车有很多零部件或“模块”，如传动系统、发动机和轮胎。当这些模块被连接成一个更大的系统时，它们能创造出新的性能，术语叫作涌现性能（emergent properties），即机车的性能，而这些性能是单个的模块所不能提供的。这个例子说明了，在模块化的系统中，整体的性能是怎样极大地超越单个元素的性能的，以及怎样创造出全新的用途，但零部件用其他方式连接的话也不能产生这样的功能。

然后，卡萨诺瓦博士解释了当微柱被连接成回路时，同样的事情是怎样发生在大脑里的。“微柱之间的连接方式，决定了新的更高级的认知功能，如评判、智力、记忆、定位。这些功能在单个的微柱里是不存在的。由于大脑中不同部位细胞之间的适当连接，使这些功能浮现出来。换句话说，更广泛的连接有利于形成宽广的集成回路，转而创造出高水平的认知技能。”

根据卡萨诺瓦博士所说，读写困难偏好远程连接，导致了大局面处理技能的产生和细节处理技能的削弱。他引用的对读写困难者来说特别难的一个精细任务是语音处理，因为，语音处理牵涉对高度相似声音的识别。

处理精细任务的困难，也解释了许多我们在上一章中描述过的，在听、看、运动功能和注意力上遇到的挑战。为了进一步解释读写困难特有的优势和不足，卡萨诺瓦博士用另外一个众所周知的认知模式来做比较。

“自闭症大脑以牺牲远程连接为代价，而偏好近距离连接，这正好和读写困难相反。并不令人吃惊，我们发现高比例的自闭症者大脑的微柱间距在另外一端，即微柱被紧密堆积的一端。从认知方式上来说，自闭者集中于特殊的细节：只见树木，不见森林。对自闭者进行测试，他们的认知是非常具体的，但更宽泛的意思、形式或语境却无法感知，他们常常擅长只需要使用大脑中微柱排列紧密的区域就能完成的任务，因为，完成这些任务只需要一个特殊的功能。在书籍《沃尔多在哪里》（*Where's Waldo*）中，沃尔多就是一个例子。处理精细任务完全是在一个高度区域化的视觉皮质中执行的，在那里，紧密堆积的微柱由许多短轴突连接到一个擅长处理精细任务的区域回路里，对于这些任务，自闭者常常比一般人做得更好。

“另一方面，自闭者经常受困于如人脸识别这样的任务，这是一种需要许多遍布于大脑里的处理中心一起工作的任务。这种需要远程处理中心的思维模式，对自闭者来说是非常难的，因为他们的这些处理中心不容易形成必要的远程连接。

“相比之下，将大脑的远程区域连接在一起，做得最好的是读写困难者。所以，读写困难者擅长从任何地方和任何事情提取想法，并把不同的概念联系在一起。他们可能错过的是细节的处理。”

在大脑结构中的一个单一的变异，会给人们带来如此之多的挑战和优势，这些和读写困难相关联的挑战和优势是读写困难潜在重要性的支柱。它同时也强烈地支持了我们认为读写困难处理模式并不是一个无目的的功能分解，而是权衡了各种特殊处理模式的好处后价值最大的选择的观点。这一优势将是我们下面四章要讨论的主题，即 MIND 优势。

结　论

在第三章和第四章中，我们已经展现了四个和读写困难有关的大脑结构和功能的变异，这些变异背后代表着普遍存在于读写困难者中的许多挑战和优势。在探讨读写困难的优势时，我们将重复提出几个关键的主题，最重要的主题是，读写困难大脑的构成方式和大多数非读写困难的大脑大不相同，因为它们倾向于以不同的方式工作并擅长不同的任务。让我们简短地对比一下，已经知晓的典型非读写困难大脑和读写困难大脑各自的优势。

对许多非读写困难大脑而言，优秀功能的特征是由以下几点组成的：准确、精密、有效、快速、主动、可靠、可复制、专注、简明和详细。

对于读写困难大脑，优秀功能意味着：能够看见事物的要领和本质；发现局面或想法背后更大的背景；多维度的观点；能看见新的、不同寻常的或远程关联；推理和探明模糊点；以全新的方法把事情和创造性重新组合的能力；在执行其他人想当然的任务中，更专注和用心。

非读写困难大脑常常擅长以专业和有效的方式应用规则和程序。而读写困难大脑则擅长发现“最适合”或特别的解决问题的方式方法。

非读写困难大脑常常擅长发现基本含义和正确答案。而读写困难大脑则擅长发现有趣的联想和关系。

非读写困难大脑常常擅长发现事物之间的差异和区别。而读写困难大脑则擅长找到相似之处。

非读写困难大脑呈现线性模式，擅长次序、稳定性和按部就班、整齐的档案式管理、顺序叙述或推理的逻辑链。而读写困难大脑呈现的是网状模式，就像壁画或彩色玻璃一样储存信息，像蜘蛛网或超链接一样连接想法，像水塘里的涟漪一样从一个想法向另一个想法转移。

总而言之，读写困难大脑功能不同于非读写困难大脑，不是因为它们有瑕疵，而是因为它们被组织去展示不同的优势。这些优势的获得是以削弱处理某种精细任务的能力为代价的。

如果您知道有关读写困难者的传统观点，那么，您只会认识到，他们大脑的能力看起来就像他们在与精细任务做斗争时一样的低下。而在今后的几章中，我们将给您展示的是，读写困难者的智慧看起来就如展开双翅并高高飞翔的大鹏一样。

3

M优点

实质推理（Material Reasoning）

第五章

MIND 中的“M”优点

您可能不知道兰斯·海伍德（Lance Heywood）的名字，但是，如果您曾经在美国主要的滑雪胜地乘坐过缆车，在夏威夷的维克拉村庄希尔顿酒店、纽约布朗克斯动物园或环拉斯维加斯的公交站搭乘过单轨列车，那么，您很有可能已经和他的工作相遇过了。兰斯是全美国娱乐场所控制交通运输电气系统的领先设计者和生产者之一。这是一个极富挑战性的工作，需要持续的发明创造和现场解决问题的能力。要想做得和兰斯一样出色，您需要特别的心智：创造力，满足不同客户的需要和他们无穷无尽的各种项目要求的能力，强大的竞争力，并且设计的产品必须是安全可靠的。兰斯完全具备这些才能，但是，在他早年的学校生涯里，却丝毫看不出他具备这种创造能力的任何迹象。

兰斯在如今叫作硅谷的地方长大，从很早开始，他就发现对他来说，阅读和写作有难以置信的困难。事实上，直到初中毕业，他的每门课甚至包括数学，一直都需要额外的辅导才能及格。当然，他最终顺利地从初中毕业了。

相比之下，兰斯发现校外有很多能吸引他的迷人的东西。他是一个“永远的小发明家”，并特别喜欢和他父亲一起做项目。他的父亲是一位室内设计者，天才的自学成才技工和狂热的火车模型业余爱好者。他俩一起用成套的设备和零部件，安装过收音机、电话，以及记录设备。

进入高中后，兰斯开始喜欢更具挑战性的数学和科学课程了，并且，他这些课程的分数有所提高。当苦恼于如何记住公式和等式时，他发现，如果掌握了这些公式和等式背后的原理，他就都能把它们推导出来了。虽然阅读和理解对他来说一直都很难，但是他体会到，让这些课程的老师们把对他的成见归零是非常重要的，这样，他就能获得不错的成绩。

兰斯在数学和科学课程上的优异表现，让他获得了进入几所竞争激烈的大学的通知书，他一开始选择进入加州大学洛杉矶分校（UCLA）学习。但是，在这样一个巨大和非个性化的大学里，兰斯感到了“迷失”，因此，他搬了家并转学到了圣克拉拉大学（Santa Clara University），在那个更小的环境里，他如鱼得水。兰斯避开选择需要大量阅读和写作的课程，通过在工科上的努力学习和取得的优秀成绩，他最终获得了学位。

毕业后，兰斯在位于旧金山湾区的一家专门从事高层建筑电气系统设计的承包公司工作。虽然他很喜欢设计，但是仍然想从事能实际动手操作的与电子器件有关的工作。希望将富有挑战项目的爱好和滑雪、山川的喜爱结合在一起的愿望，使他转到了一家生产滑雪缆车的公司上班。

后来，兰斯越来越厌倦为他人打工，所以在 1993 年，他自己开了一家工厂，他从来没有后悔过这一决定。当今天在描述如何完成一个又一个的项目时，您仍能感受到他当时从工作中所获得的那份喜悦。从起草每一份新项目开始，他参与生产、安装、测试以及调整他设计的电子面板的每一步工作。

兰斯将他的设计能力大部分都归功于脑海里对项目全面的构思。在阅读客户的方案时，他的脑海中已经想象到了所有需要的零部件，以及把它们组装在一起后的三维蓝图，同时，他还能按照意愿操作这些零部件。他告诉我们，对工作最享受的事情就是在一个项目接近尾声时，他终于能在现实的世界里看见第一次在脑海里创造的构思了。

同时，兰斯也将他的成功归结于他缓慢的阅读和可怜的程序式记忆上。这两个不足总是使得他去动手做一件事情，而不是依靠书本或规则去纸上谈兵。虽然到三十岁时，兰斯的阅读能力已经提高到能够愉快阅读的程度了，但是速度仍然很慢，所以，他宁愿通过动手去了解新的电子零部件和设备，而不愿去读一本手册或内容说明。所以，他经常能够发现一台设备的新用途。

我们分享兰斯的故事，是因为您马上能看到，兰斯是擅长实质推理的读写困难者的完美个例。实质推理即是在 MIND 中的 M 优点。

实质推理：一个三维空间的优势

M 优点是帮助我们对现实或实质世界进行推理的能力。现实或实质世界是指物体的形状、大小、运动、位置或方向，以及这些物体相互作用的方式。

M 优点主要是由所谓的空间推理方面的能力组成，M 优点常常被认作是许多读写困难者具有的一项特殊才能。但是，在以后几章中您将要看到的是，有显著 M 优点的读写困难者仅是在某些领域而不是在所有领域都有杰出的空间推理方面的才能。特别地，他们擅长创造出一连串的三维空间想象图，如大脑里虚拟的三维环境。

读写困难者所具有的这种现实世界空间能力是非常有价值的。M 优点在大多数学校的课程中没有受到重视或培育，但它们在许多成年人的职业中，却非常必要。以下职业都极大地依靠M优点：设计师、机械技工、工程师、外科医生、放射线学者、电工、管道工、木匠、建筑工、熟练工匠、牙医、矫形牙医、建筑师、化学家、物理学家、天文学家及卡车、公交车和出租车司机，以及计算机专家（特别是在网络、程序和系统结构、图像方面的）。

下面几章将详细介绍M优点的本质和优势，以及隐藏其后的重要的心理过程。

第六章

M 优点的优势

让我们通过比较两个读写困难者和非读写困难者在执行各种空间能力测试时的行为研究来开始我们的探索。在第一个研究中，英国心理学家伊丽莎白·安崔（Elizabeth Attree）和她的同事在三个不同的视觉和空间测试中，比较了读写困难和非读写困难青少年的行为模式。头两个测试是评估二维空间的能力。第一个测试题目是一些已经印好的二维模型，受试者被要求用彩色模块去复制它们。第二个测试是给受试者们展示一个抽象的线条图，展示的时间只有五秒钟，然后，要求他们根据记忆去画出这个图。第三个测试是评估受试者在真实空间环境里的三维空间能力。受试者被要求坐在电脑屏幕前，并去找寻一个被藏在虚拟三维别墅某个房间里的玩具。他们搜索了四个房间后，计算机被关掉，然后要求受试者用硬纸板片去复制别墅的建筑平面图。

读写困难小组和非读写困难小组在二维和三维测试上的行为表现非常不同。二维测试中（二维测试简单地强调“快照”的视觉记忆），读写困难小组比非读写困难小组做得稍微差点，但第三个测试，他们做得好得多。在第三个测试中，他们根据所理解的虚拟视图，去构筑一个无缝的相互连接的“世界”。

注意，该研究所勾画出的读写困难的优点和缺点与我们在第二部分中所讨论的结果十分吻合。在把多元视觉合成为一个复杂的、全面的、相互连接的虚拟别墅的三维模型时，读写困难者擅长宏观推理的优点发挥得淋漓尽致，但是他们在细节处理和记忆上相对差点。这刚好是我们所描述过的平衡机制。

这个结果对在标准化测试中我们怎样评估空间能力有重要的启发作用。毫无疑问，许多普遍使用的 IQ 视觉空间测试和其他特殊的认知测试（例如分组设计和视觉记忆）能够评估二维空间能力，但不能评估读写困难者所具有的现实世界三维空间能力。当评估读写困难者的空间能力时，所使用的对现实世界三维推理能力的测试方法很重要。

第二个研究是心理学家凯帝亚·卡罗伊（Catya von Karolyi）进行的，同样支持了读写困难者三维/二维平衡机制的存在。卡罗伊在两个视觉空间测试中，比较了高中生中的读写困难和非读写困难者。第一项测试是，要求受试者从一组四个很相像的二维凯尔特结中，去找到与指定的凯尔特结完全相同的一个结。这项任务要求在处理视觉细节中有很强的精确性。第二项测试则要求受试者去确定几幅画是否是“真实”的三维空间图形或“不存在的”图形。要获得第二项测试的成功，受试者必须具备感知一个图形中的不同部分是怎样相互联系形成一个三维整体的能力。

这些研究的结果完美地印证了安崔博士的结论，即读写困难者长于处理多角度的三维信息，而弱于处理相对“简单”的二维信息。在强调宏观处理能力的“不可能图形任务”（impossible figures task）中，卡罗伊博士发现读写困难者的回答更迅速，而准确度和非读写困难者小组一样。相比之下，在强调精细处理能力的凯尔特结任务中，读写困难者的精确性远差于非读写困难者。

乍一看，探索“不可能图形”的能力在现实生活中毫无价值。但是当和一位非常成功的建筑承包商谈话后，我们找到了一个优秀的例子。这位承包商本人是一个读写困难者，他告诉我们，他的建筑队优先招聘读写困难者，因为他们擅长在蓝图中找出能制造“不可能图形”的瑕疵，这些瑕疵就如那些在卡罗伊博士的研究中的一样。这种三维空间能力，在很多现实职业中是非常有价值的。当我们看到读写困难者在他们不同的人生阶段，是如何使用这些才能时，我们就逐渐开始意识到这种能力价值的宝贵程度了。

M 优点的实用价值

在孩提时代，很多具有明显 M 优点的读写困难者自然地被吸引去从事更多地要求空间能力的任务。在对七岁到十五岁孩子的调查中，我们发现参加与建筑相关的活动的读写困难孩子，几乎是非读写困难同龄人的两倍，这些活动从小模型的乐高（LEGOs）和科乐思（K'NEX）到大规模的户外景观美化和建造。甚至当这些孩子参加二维艺术活动，如画画时，他们的作品倾向表现出具有更多的多维和动态成分，如透视和远景的特色元素、移动的人物、用箭头标识行动或过程，以及使用剖截面或多视角的图标元素。美国国立卫生研究院（National Institutes of Health）的一位做研究的心理学家琼·西姆斯博士（Dr. Jean Symmes）同样证明了她研究的读写困难孩子不寻常的对建筑或视觉类任务的极大兴趣和才能。

有一种说法是因为读写困难孩子在阅读和写作方面面临的挑战，使得他们去从事其他活动有困难，所以，他们才会被吸引去参加需要高 M 优点的项目（以及未来的职业）。先前的观察暗示了，对于大多数具备空间才能的读写困难者们而言，空间兴趣和能力是与生俱来的，而不是作为一种补偿后天被发展起来的。哈佛大学前神经学家诺曼·格斯温德博士（Dr. Norman Geschwind)，是在读写困难研究史上最受尊敬的人物之一，在多年的职业经历中，他注意到，许多读写困难的孩子在他们开始和阅读做斗争之前，就非常好地展示出了对空间活动（如绘画、做机械拼图或建筑物模型）的热爱和才能。

在读写困难和M优点之间的另一个连接是读写困难的孩子们的双亲。一般来说，这些父母工作在与高M优点有关的职业领域的机会远高于预期。在我们自己的诊所里，我们最近查看了30个读写困难孩子的父母的工作和教育背景，发现其中22个孩子的父母中要么有一方表现出了读写困难的特征，要么另外一个一级近亲（不算这个孩子）有读写困难；还有五个孩子的父母双方都表现出了这样的特征。引人注目的是，32个“和读写困难有关联”的父母中，接近一半是从事利用到M优点的工作，这个天才小组包括六个工程师、三个建筑从业人员（建造、承包、开发）、两个建筑师、两个生物化学家、两个牙科保健员和一个发明家。给人印象特别深刻的是工程师和建筑师占有很高的比例。在美国大学授予的学位里，这两个专业的学生人数加在一起，占比还不到6%，但是，他们在我们调查的父母小组里面的占比却高达25%。

几个研究课题证实了读写困难者在与空间想象力有关的专业培训中，如艺术、设计和工程，占有较高的比例。这种现象提供了读写困难与利用高M优点职业之间一个更直接的联系。在英国，仅有4%的人被认为有严重的读写困难，另外6%的人被认为有中等的读写困难，但在对皇家艺术学院（Royal College of Art）的一个研究中发现，整整有10%的学生表现出了严重的读写困难症状，25%有至少中等的读写困难，超过在一般人群中比例的两倍。在伦敦的圣马丁斯中心艺术和设计学院（Central Saint Martins College of Art and Design），心理学家贝佛莉·斯特佛特博士（Dr. Beverly Steffert）发现，在她测试的360名学生中，超过30%的人表现出与读写困难有关的迹象，在阅读、拼写或写作语法等方面有困难。在英国哈珀亚当斯大学学院（Harper Adams University College）进行的另一项学生调查中发现：26%的一年级工程学生中有值得注意的读写困难。这个比例超过读写困难学生占所有大学生总人数的两倍。在瑞典，研究人员优瑞卡·沃尔夫（Ulrika Wolff）和英格瓦·伦德伯格（Ingvar Lundberg）将一个美术和摄影专业的大学生的实验小组和一个经济和商业法专业大学生的控制小组进行比较发现，艺术专业学生的读写困难发生率几乎三倍于控制小组的学生或一般人群。

在许多高度使用到M优点的领域中，一方面缺少对这些领域从业者读写困难发生率的正式研究；另一方面并不缺乏有关读写困难和空间能力紧密联系的“职业认知”。在《像爱因斯坦一样思考》（*Thinking Like Einstein*）一书中，作者托马斯·G. 威斯特（Thomas G. West）详细叙述了他和有读写困难的计算机图像艺术家瓦莱丽·德拉哈耶（Valerie Delahaye）的对话。德拉哈耶专门为电影制作所需要的计算机模拟图像。她告诉威斯特，一起为电影《泰坦尼克号》（*Titanic*）和《第五元素》（*The Fifth Element*）工作的图像艺术家中，至少有一半的人是读写困难者。威斯特同时引述了“麻省理工学院媒体实验室”（MIT Media Lab）创始人和读写困难人士尼古拉斯·尼葛洛庞帝（Nicholas Negroponte）所说的，读写困难在麻省理工学院是如此的普遍，以至于它被当作“麻省理工病”而在当地尽人皆知。塔夫茨大学（Tufts University）心理学家玛丽安·沃尔夫博士（Dr. Maryanne Wolf）写道：拼写困难在她姐夫工作的建筑公司是如此的普遍，以至于他们建立了一个规则：所有建筑师的外发信件必须进行拼写检查，而且是两遍。作家莱斯利·杰克逊（Lesley Jackson）在设计工业贸易杂志《图标在线杂志》（*Icon Magazine Online*）上也写道：“在过去很多年中，遇见了许多有读写困难的设计者，我深信，在设计创意的基本过程和读写困难的思维方式之间肯定存在某种联系。”

许多研究读写困难的专家已经开始将他们观察到的空间能力和读写困难之间的联系记录在案了。诺曼·格斯温德博士（Dr. Norman Geschwind）写道，“近年来，越来越多的事例清楚地显示了读写困难者在很多方面经常具有很高的天赋……而且越来越多的研究结果已经表明，很多读写困难者在某些非语言技能领域，如艺术、建筑、和工程……具有超级才能”。著名的英国神经学家麦克唐纳·克里奇利（Macdonald Critchley）亲自检查了超过 1300 名读写困难者，发现这些受诊者里面“太多太多”的人表现出在空间、机械、艺术和手工方面特别的才能，他们常常寻求能发挥这些才能的职业。引用大量这样的观察是非常容易的。

M 优点的认知基础

特殊的 M 优点有两个关键的组成部分。第一个关键组成部分是能在想象空间模型中稳定储存和精确展示空间信息的一个成像系统。第二个关键组成部分是通过旋转、重新定位、移动来操作这些大脑图像的才能，从而使这些图像得到改善或使这些图像和其他大脑图像相互反应和合成。

最近，伦敦大学学院（University College of London）的研究人员在大脑的海马区已经发现了一组专门的细胞，这组细胞负责创建大脑的想象模型或三维空间框架。研究人员已经给这些细胞取名为“网格单元”，因为这些细胞共同创造了参考向量矩阵，参考向量矩阵就像三维地图上的坐标线一样（海马区是在大脑底部的一个复杂的结构。它的两个海马状叶片在记忆信息和空间处理上，起了许多关键的作用）。

在网格单元的帮助下，我们能够将这些交叉的向量当作一个无限的立体方格框架的线条想象出来。这些空间模型允许我们标绘出物体在空间的位置——很像一个三维的GPS巡航系统。这个心理空间坐标系能够帮助我们和现实世界发生互动，决定我们在哪里和其他物体有关联，或那些物体的大小和形状，以及那些物体是否移动与改变方向或怎样移动与改变方向。网格单元也能帮助我们推论想象的空间环境或物体。

就如以上我们所看见的，空间推理要与现实世界一致的话，我们的空间想象必须形成一个连续的相互关联的三维图像网。如果只是一个简单的“摄影快照”，无论它是怎样的生动或精细，它的使用都是有限的，因为它不能被操作或和其他的景象发生联系。但是由网格单元创建的空间坐标系统和大脑的其他功能中心合作，却能将这些景象紧密地联系起来。

空间信息能够以不同的空间表象形式在大脑中被呈现或展示出来。最显而易见的空间表象形式是视觉。

读写困难者加拿大企业家格伦·贝利（Glenn Bailey）就是一个优秀的例子。他具有令人印象深刻的M优点，即异常清晰和逼真的空间表象的视觉展示。因为学业问题退学后，格伦成了一名非常成功的商人。他众多的成功冒险之一是住宅地产的发展和构建。格伦向我们描绘了他的三维视觉表象能力是怎样产生、如何自如操作并怎样帮助他在商业上取得成功的：“当我看见一块地产，在脑海里我能够立即在它上面构建一座新住宅。我能够准确地看见这所房子的外观，能够进出里面的每一个房间，并走到花园里以及每一个角落。我能把这个想法变成现实。那就是我创建了高端住宅开发公司的经历。甚至，现在坐在这儿，我在脑海中都能够对我们曾经建造的每一个住宅和地产做一个详细的演练。”

虽然，像格伦这样的故事能让我们去假设强大的视觉表象是空间推理的基础，但是，一名住在苏格兰的退休建筑测量师的经验却清楚地揭示了这个假设是错误的。他总是很享受一个非常生动逼真的视觉表象系统或“心灵之眼”。不幸的是，在他经历了心脏手术四天苏醒过来后，却发现虽然他的视力是正常的，但是，当他闭上双眼后，他再也不能主动要求脑海里出现任何视觉表象了。他接受了全套的空间推理和视觉记忆测试。作为控制小组，一组有高可视能力的建筑师也接受了相同的测试。令人吃惊的是，虽然他在做测试时不再能够创造任何想象的视觉图像，但是他的得分却和建筑师们的一样。做测试的同时，fMRI 扫描了他的大脑，结果显示，相对于建筑师们在做这些测试时大脑的视觉中心被极大地激活，他根本没有使用大脑的视觉加工区域。

这些研究暗示了，他在进行空间推理时，失去了感知视觉形象的能力，但同时，他仍然能够通过他的空间数据库接近空间信息并用它去完成实质推理的测试。换句话说，他确实一夜之间就完全失去了曾经拥有的异常生动的视觉表象，但是他的空间表象能力并没有明显失去。这是一个空间推理和视觉表象之间区别的戏剧化示范。

空间表象除了清晰的、逼真的视觉形式外，实际上还能以许多方式被感觉到。只要海马区能用通过感觉搜集到的信息创建它的空间网格，个人使用哪种表象形式去“阅读”或接近这些信息，相对来说并不重要。例如，一个回忆朋友面部轮廓的盲人的空间信息是以非视觉形式，如触觉或体感的（耳目口之外）表象形态被回想起来的，然而，它能够和视觉表象完全一样准确和精细。

通过查看具有令人印象深刻M优点的其他读写困难者表述的他们自己的空间表象形式，我们也能证实各种各样的有用的空间表象形式。让我们从传奇物理学家阿尔伯特·爱因斯坦（Albert Einstein）开始吧。

除了具有显著的M优点外，爱因斯坦表现出了许多和读写困难有关的现象，例如说话很晚、学会阅读有困难、对数学信息的机械记忆很差以及终身都有拼写困难。爱因斯坦描述了他自己的空间表象：“当写或读语言文字时，我的思维机制似乎停滞不动。在思想里作为元素的精神实体是某些符号，以及或多或少的清晰的图像，这些图像能‘自动’被再生和合成。”

这种抽象的表象在有空间才能的物理学家和数学家中特别普遍，对他们来说，这种表象的灵活性似乎特别有价值。伦敦大学学院（University College in London）的教授、有读写困难的数学家凯威斯·杨松斯（Kalvis Jansons）写道："对于我来说，抽象画和图表比词汇更重要……我的许多最初的数学想法是以某种可视化的形式开始的。"

杨松斯也描述了一个他所经历的完全非视觉形式的空间表象——运动、受力、结构、形状或其他种类的触觉或运动图像："去相信空间（非词汇）推理不得不涉及图像的想法看来是错误的。例如，三维空间就经常以我认为的一个触觉世界被完美地呈现出来。"杨松斯已经在他的专业工作中使用了这种"触觉"空间表象。他利用"打结"的方法去研究重要的概率原理。

哈佛—史密森天体物理学中心（Harvard-Smithsonian Center for Astrophysics）的马修·施凯莱普斯博士（Dr. Matthew Schneps）和我们分享了空间表象的相关形式。马修是一位天体物理学家，一位获奖的纪录片制作人，也是读写困难者。他向我们描述了构成运动和过程感觉的空间表象——非常像工作中的机器。当追踪一个想法或假设时，为了去转动一系列的齿轮以及观察在各种各样的配置下，空间地图是怎样变化的，他有时的感觉就像在激活一个想象中的机器的控制杆。

有读写困难的律师戴维·舍恩布拉德（David Schoenbrod）向我们介绍了另外一种非视觉空间表象。戴维是纽约法学院（New York Law School）的法律教授、环境法领域的先驱，是过去 50 年一些最重要的环境案件中的关键诉讼律师，包括在汽油中除铅的里程碑式的诉讼。他也是一名天才的雕刻家、建筑师、景观设计者和建造者。戴维告诉我们，他的空间表象是没有清楚视觉图像伴随的、只是一个空间位置的强烈感觉："在回想自己的故事时，我想起一些空间安排上的细节——像房间的布置、家具的安排、其他人和我所在的位置，以及指南针指示的位置——但是，这种回忆既不是栩栩如生的也不是严谨的，而是灰色的并且几乎是难以察觉的微弱。我看见的形状多于颜色，所以，雕刻比绘画对我来说更有吸引力。"

我们讲述了空间表象这些不同形式的细节，因为我们常常遇到一些认为逼真的视觉表象是空间推理的关键的教育家和读写困难者，他们经常忽略了空间表象其他形式的价值。实际上，您的想象图像是否是逼真可视的，或是否是抽象的、定点的、活动或可触摸的，都没有太大的关系。只要您能使用这个表象去理解空间关系，去做重要的比较和预测，或以各种方式去组合、改变或操作空间数据就是非常完美的了。空间推理能力对很多工作和专业都有极高的价值，有突出 M 优点的读写困难者常常受到赞扬，然而，就如我们将在下一章中所要讨论的，M 优点也是以牺牲一些能力为代价的。

第七章

伴随M优点的缺点

在这本书中反复出现了两个主题：第一个是，读写困难的优势来自大脑结构的变异；第二个是，这些变异同样也带来了使一些事情做起来更困难的“另一面”，即缺点。就如你们将要看见的，MIND四个优势中的每一个都有它自己相对应的劣势，即平衡点，M优点也不例外。我们已经看见了M优点的一个平衡，即相对较弱的二维空间处理能力。虽然这些缺点对大多数日常生活没有什么大的影响，但是却在有个方面带来了大问题：它会在阅读和写作时，引起符号反转。

与符号做斗争

关于符号反转和读写困难有两个完全对立的错误认识。第一个是所有把符号反转的小孩子都是读写困难者。第二个是符号反转和读写困难完全没有关系。为了得出真相，我们必须检查人脑中的空间能力是怎样发展的。

没有一个孩子天生带有分辨二维印刷符号的能力。这种将一个物体和它的镜像区别开来的能力实际上是一种后天获得的技能，必须从经验和实践中才能学到。

在过去的十多年，研究者们已经发现新生儿的大脑把看见的每一件事情都形成了两个镜像视图：一个在左半球，另一个在右半球。通常，这种复制的图像有助于我们以多维的视角去认知物体，所以，看见一条狗左边轮廓的婴儿能够从同一条狗的右边轮廓认出这条狗。

不幸的是，当试图去识别印刷符号的方向时，或其他带有自然镜像的东西时，如一只鞋子或手套，这种产生镜像的能力成了一种负担。一个孩子能把一个图形和它的镜像区分开来之前，他必须学会去抑制图形镜像的产生。

有些孩子在学习抑制这种镜像功能时特别艰难。当他们第一次学习书写时，很多孩子不仅反转有镜像的符号（如 p/q 或 b/

d)，而且反转几乎所有的字母和数字。对大多数孩子来说，这个错误通过一些重复练习后就开始减少。但是直到八岁，在进行阅读和书写时，仍然有三分之一的孩子偶尔继续做镜像代替。如果这种错误只是在阅读和书写时偶然出现，那么，既不重要，也不是读写困难的信号。

但是，对那些的确有读写困难的孩子，据我们的经验，大约有四分之一的孩子，字母反转是一个非常顽固而且重要的问题。这些孩子可能反转整个单词甚至句子。对单一的符号，他们不仅可以反转“水平”镜面，如 b/d 或 p/q，而且包括“垂直”镜面，如 b/p，b/q，d/p，d/q 或 6/9。他们在阅读过程中会做如此之多的反转，以至于影响了对文章的理解。

已发表的许多研究显示了很多读写困难孩子比同龄人在快速决定字母方向时有更大的困难，虽然这种困难会随着年龄的增长而减弱。根据我们的经验，持久的反转不仅仅是字母和数字，甚至包括图画和视觉图形，这是那些有强大 M 优点的读写困难者最常遇到的问题。达·芬奇（Leonardo da Vinci）就是一个极端的例子。他终身在阅读、词汇运用、语法和拼写上的困难和 M 优点结合在了一起。很多人觉察到了达·芬奇以镜像字母书写他的日记，但很少有人知道他也用镜像绘制草图和风景。

我们诊所的很多读写困难客户在阅读，更普遍的是在书写时，一直持续将符号反转，他们都顺利地进入了大学或以上的学习阶段。大多数人只是有零星的这样的错误，但是，我们遇到了一个，每当感到疲倦时就无意“走神”，而使得所写的整个段落都是镜像的学生。可能并不是巧合，她现在是一名建筑历史专业的研究生。

具有空间才能的读写困难者对反转特别敏感的一个原因仅仅是他们的大脑非常擅长旋转空间图像。听听有读写困难的设计家巴斯蒂安·伯格（Sebastian Bergne）是怎么说的：“如果我正在设计一个东西，我完全知道它准确的三维形状，在画出来之前，我能在脑海里把它翻来覆去颠转几遍。对同样的问题，我同时能想象出不同的解决方案。”相对于您想设计一把椅子或一个茶壶时，这些灵活变化的图形是有用的而言，在二维表面上阅读和书写时，它们却毫无用处。有读写困难的生物化学家罗伊·丹尼尔斯博士（Dr. Roy Daniels）是最年轻的已当选的享有声望的国家科学院（National Academy Science）院士之一，但是，作为一个成年人，在阅读和书写时，他仍然会把镜像字母 b/d 和 p/q 弄混淆。为了弥补这个缺陷，在手书时，他全部使用大写字母，“是为了帮助我区分像 b 和 d 这样的字母”。就这点而言，丹尼尔博士不是唯一的。

我们在第三章讨论过的程序式学习的困难，极有可能引起了这些持续的反转，因为关闭对称图形发生器的能力本身就是一种必须通过实践才能学会的程序。因此，表现出有程序式学习困难的读写困难者就会花更长的时间才能掌握它们，进而才能关闭对称图形发生器，避免反转的发生。

语言输出的简易性

我们经常看见的，在具有显著 M 优点的读写困难者身上的第二个缺点（平衡）是语言输出的困难。父母和老师们经常很困惑地发现，他们聪明的读写困难孩子们受困于回答明显“简单”的问题，特别是写作。当问题是开放式以及没有标准答案的时候，这种困难尤其明显。语言表达上的困难，是高年级的学生们来到我们诊所就诊的最普遍的原因之一。我们已经发现，这个困难尤其经常干扰有很高的甚至是天才级的词语智商（IQs）的读写困难者，因为这些学生想要表达的思想常常是非常复杂的。

研究文献显示了为什么有显著 M 优点的读写困难者特别容易有表达困难的几种可能的原因。首先，有些和读写困难相连接的大脑变异是以直接削弱词语技能来提高空间能力的。心理学家乔治·海因德（George Hynd）和杰夫瑞·吉尔戈（Jeffrey Gilger）描述过这种变异。在这种结构变异中，大脑里通常用来处理词汇发音和其他语言功能的区域基本上被大脑中心“借用”去连接和处理空间信息。海因德博士和吉尔戈博士率先在一个大家族中识别出这种大脑变异，这个家族的很多成员同时具有读写困难和较强的空间能力。然后，两位博士确定这种变异也存在于爱因斯坦的大脑中，就如我们前面所提及的，爱因斯坦面临空间才能和读写困难有关的语言挑战。

爱因斯坦评论他自己在把想法转成文字时遇到的困难，为很多具有较高 M 优点的读写困难者经历的挑战提供了有用的感悟。虽然爱因斯坦最终也成为一名天才作家，但是，他曾经抱怨对写成文字的思想没有感觉，而他有用的思维模式又是非文字的。为了用语言交流，他首先需要将几乎完全是非文字的想法“翻译”成文字。他描述了这个过程：“在词汇或其他可以与他人交流的符号与逻辑结构有任何联系之前，组合游戏似乎是创造性想法的基本特征……传统的文字或其他符号只能在次要阶段艰难地被寻找。”

我们已经发现了许多，特别是有显著 M 优点的读写困难者，非常符合爱因斯坦主要的非语言思考模式和难于把思想翻译成文字的特性。把非语言想法翻译成文字，在生命的任何阶段都是不容易的，而且对于孩子和青少年特别困难，他们的工作记忆容量仍远远没有被充分地开发出来。这可能是为什么来自有强烈空间感和非语言素养家庭的孩子经常比其他孩子开始说话晚的一个原因。

事实上很多（不是全部）具有强 M 优点的读写困难者主要是用非语言方式推理的，并很难将他们的想法翻译成文字。这就意味着他们常常在概念理解和用文字表述或证明的能力之间存在着差距。对于和这样的读写困难者一起工作的同事，能敏感地意识到这样的挑战是非常重要的。长期以来，某些心理学家和教育家并不重视“非语言推理”，他们仅把它当作语言推理的补充，更糟糕的情况是无视它的存在。

实际上，非语言推理是真实的、科学上可以论证的，它常常是所有创造性见解的关键因素，它的所有形式都值得被认真对待。有读写困难的学生应该尽最大努力将他们的想法用语言表达出来，同样重要的是，父母、老师以及后来的雇主应该学习去认可推理的一些有效形式可能在转换成语言时会遇到困难，推理也可以被更好地用图画、图表或非语言的其他代替形式表达出来。

除了在空间和语言能力之间直接的平衡之外，研究同时也证实了强大的空间能力和视觉意象能力能够以更多非直接的方式阻碍语言功能。普利茅斯大学（University of Plymouth）的艾丽森·培根博士（Dr. Alison Bacon）和他的同事要求读写困难学生和非读写困难学生对一系列已给出主要和次要条件的三段论提出有效的推论。例如，已给的条件是“所有的狗是哺乳动物”和“有些狗身上有虱子”，学生们被要求得出一个结论，如，“有些哺乳动物身上有虱子”。

这些研究者们发现，当给的条件没有激发意象（如，所有的a是b，没有b是c，有多少a是c?）或当视觉意象直接针对三段论的解决方案时（如，有些形状是圆形，所有的圆形是红色的，有多少形状是红色的?)，读写困难学生和非读写困难的同学推理得一样好。然而，当三段论含有激发强烈的与推理过程无关的视觉意象术语时（如，有些单板滑手是杂技演员，所有的女骑士是单板滑手，有多少女骑士是杂技演员?)，读写困难的学生就表现得比非读写困难的学生差很多。作者们得出结论是：读写困难学生生动的想象意象淹没了他们的工作记忆，并阻碍着他们的语言推理。

视觉意象潜在的分心作用对我们怎样使用强大的想象力去教读写困难学生有很重要的影响。想象一下，例如，有强烈想象力的学生把数学问题用直观阐述故事的方法表达出来要承受多么重而不必要的负担。很多老师已经参加了如何用意象帮助有强烈空间才能和视觉才能的孩子们的专业培训，但是，必须承认，除非意象对解决一个问题是直接有用的，无关的意象只能导致分心和使行为变糟。

对有显著 M 优点的读写困难者而言，语言发展最重要的一点是：他们的语言正简单地沿着一条和非读写困难者不同的道路发展。帮助将非语言想法“翻译”成语言的大脑系统是大脑中发育最晚的部分。对很多有读写困难的孩子来说，将复杂的想法变成语言的困难是一个正常的发育特性，并随着逐渐成熟而减小。这就是为什么他们的进步必须用他们自己的标准来进行判断，而不能依照应用于非读写困难人群的标准。太多地将注意力集中在他们的挑战上，容易使我们忽略他们特殊的优势，就如我们观察的一个非常特别的叫马克斯的孩子一样。

第八章

M优点在行动

马克斯很晚才开始说话，而且当他终于开口说话时，用的是他自己的语言："ma"是水，"dung-gung"是吸尘器，"wow-wow"是安慰奶嘴。他妈妈记得，在他三岁半开始上学前班时，"他很难掌握其他孩子很容易掌握的事情。他学不会歌曲或节拍，记不住其他孩子的名字，很少能复述当天发生的事情"。小学一年级时，他到了蒙特梭利学校，但是"靠他自己是不能'获得'专业知识和技能的，他需要老师明确的教导"。

一年级结束时，马克斯在阅读、数学和写作上，没有什么进步。他似乎很难集中精力，每天忙于回忆单词和信息。他幼儿园和小学一年级的老师们发现，对马克斯而言，一对一的学习方式比大班学习的效果更好。因此，马克斯的妈妈决定自己在家里教他二年级的课程。

马克斯开始了一对一的学习，虽然他仍然需要不停地重复和集中精力，但是到二年级结束，他可以慢慢进行阅读了，并且还开始写作文（虽然，他的拼写还比同龄人落后很多）。这是他对题为《西雅图科学中心见闻》作文的描写："We went a long wae and thin we wint in sid. And we qplab［played］with the ecsuvatr［excavator］and thin we trid too pla with the tic tac toe mushen［machine］and thin we wint too the bug thing and thin we wint too the binusho［dinosaur］thing and thin we wint toe the ecsuvatr and thin we left."（存在许多拼写错误，导致意思让人费解。）

课外，马克斯发现了很多有趣的事情。当他刚学会走路时，就迷上了电线和电路，随着年龄的增长，对电子领域表现出越来越浓厚的兴趣。特别喜欢使用太阳、风和水作原动力的小规模发电实验。

马克斯对自然也表现出了极大的兴趣，喜欢花大量的时间在他西雅图家周围的森林里，并在他家地界内设计了一条天然绿道，但是就如许多西北人一样，他马上发现了"走路"加上"森林"就等于"湿脚"，所以，马克斯又精心设计并安装了一系列的排水管，用于排除绿道上的积水。在无法排水的地方，他就建了一些小桥。这对于一个不到十岁的孩子来说，是相当卓越的成就，理所当然地引起了心理学家的极大关注。

当马克斯四年级时，妈妈把他送去做了课程困难评估。心理医生诊断他有注意缺陷多动障碍（ADHD)。这貌似找到了为什么马克斯有听觉问题、口语和工作记忆问题、注意力不集中和对课程不感兴趣的原因。但是，这个心理医生同时注意到了马克斯对电子和排水系统“强烈的”兴趣，马克斯喜欢独自地追求自己的目标，和其他孩子交谈有困难，也不喜欢和其他孩子来往。因此，除了 ADHD，该心理医生诊断出马克斯还有阿斯佩各综合征（Asperger's syndrome)，一种自闭症谱系障碍。作为建议之一，该心理医生推荐马克斯选修一些社交技能课程。

虽然马克斯的妈妈对他有阿斯佩各症一事表示怀疑，但是她赞成马克斯应该提高他的社交技能，所以，她带马克斯去看了一位语音语言治疗师（SLP)。所幸，这位语音语言治疗师明白，社交技能是由大量复杂的已学会的并实践过的行为规则所组成，并直至成为习惯。在语音语言治疗师的督促下，马克斯以一种清楚明确的方法学习了社交技能，并在规划好了的互动活动中和另外一位孩子进行交流，直至这些技能成为自如的行为。

马克斯保持了在社交和学业上的进步。在七岁半到十岁之间，他的阅读词汇量从 35％飙升到 98％，数学计算能力从 45％上升到 99.9％。但是，他的工作记忆和处理事情的速度分数仍然较低，这也是我们“年青的工程师们”常有的特征。

虽然，马克斯的阅读理解能力和流利程度落后于他的概念思考能力，并且写作速度依然缓慢，但在大多数方面，马克斯的进步是巨大的。在写作中，他经常出现拼写、惯例、句子结构（语法）和组织的错误。以下是马克斯在十岁时写的一篇作文，他自己取名为 *The Derte road*：

This trip we when to bary my Grate Grandma on this dert road. So when we got on the road in are fourrunner my teeth were chatting but they stoped when we got on the bumpy port. It was 13 miles in to the drte road so I just relaxed…

在马克斯马上要满十一岁时，我们见面了。依据他在测试后得到的"分数"，我们认为马克斯遇到的挑战体现在以下方面：阅读和写作流利程度、拼写、语法、机械和工作记忆、对听觉词语材料的注意力、处理事情的速度、排序和组织能力。但是，我们也同时发现了他具有很多和读写困难者相伴的令人欣喜的优点。马克斯表现出极大的空间和非语言推理能力，他对数学概念的理解令人惊异，他对广泛而复杂的科学知识的融会贯通能力特别令人印象深刻。我们也对他在工作时展示出的聪明才智感到震惊。他表现出迷人的天真，以及在很多同龄孩子还完全没有意识到的事情上的发明创造能力。故而，虽然他的工作进度较慢，但是却常常有更多的创造性。马克斯也做了许多有趣的观察，这显示了他的头脑在探究思想之间的联系。

我们同时发现了马克斯家族的几个重要的细节。他的爸爸是化学博士，他的妈妈有生物化学的学位，化学和生物化学两个都是需要高 M 优点的领域。他的妈妈也有和读写困难有关的特征和才能。虽然，她在孩提时代也曾受困于阅读和写作，但是她现在是一名医学作家。马克斯的外婆外公都是科学家，马克斯外公的妈妈经常说马克斯总是让她想起他外公小时候的事情。因为，马克斯的外公是加州大学洛杉矶分校（UCLA）的地理教授，所以，也许“家族类似性”更好地解释了马克斯在排水系统和侵蚀方面“强烈的”兴趣，而不是自闭症。

最后，为了帮助马克斯克服目前的困难，我们给了他几个建议。每个人的开花期都不一样，那种开花较晚即成熟晚的孩子们，往往兼具读写困难处理问题的方式、显著的 M 优点和程序式学习挑战的特征，如同对待马克斯一样，最重要的应是将他们个人的发展作为正确的目标。

M 优点和发展

因为想让您了解具有令人钦佩的 M 优点的读写困难孩子看起来是怎样的，所以，我们分享了马克斯的故事。这些孩子在成熟之前，他们的才能是非常明显的。虽然了解成功的读写困难人士的童年经历有极大的帮助，但是事后诸葛亮的观点往往认为这些人的成功几乎是注定的绝无失败的风险，因为他们遇到的挑战实际上不是那么严重。这些故事不会让我们相信面前这个缓慢的、笨拙的、不善言辞的、散漫的有读写困难的低年级小学生，未来有机会成为杰出的工程师、建筑师、设计师、机械师、发明家、外科医生或21世纪的建设者之一。

我们一直遇到这样的怀疑者，他们总是用并不是每个孩子都将成为阿尔伯特·爱因斯坦（Albert Einstein）或艾萨克·牛顿（Isaac Newton）来回应。的确如此，但是别忘了，就是爱因斯坦和牛顿在二年级时，也并没有看起来像“爱因斯坦”和“牛顿”。当时，爱因斯坦给人们的印象是一个动作缓慢的、脾气令人讨厌的、不断重复他说过的每一件事情（模仿言语）的不好合作的孩子；而牛顿被当作一个傻子，唯一明显的用途就是给他的姐妹和同学们制作木头小玩具。

虽然这些具有高M优点的读写困难孩子们学业成功的迹象微弱，但是在课外，他们经常在建筑、实验、绘画和创作方面清楚地展示出创新潜能。CD光盘系统发明家詹姆斯·罗素在六岁时就建造了遥控小船，兰斯·海伍德“焊接”他的电子器件，马克斯建造和设计他的自然绿道和太阳能实验，这些活动对于有坚实M优点的读写困难孩子来说，应该有更严肃和更深远的含义，因为对他们来说，一个玩具绝不“仅是一个玩具”，一幅图画绝不“仅是一个涂鸦”。这些行动为他们的将来打开了一扇窗户，若没有严肃地认识到这些，对这些孩子将是一个严重的伤害。我们在诊所里遇到过一个令人惊讶的读写困难孩子，他拼装了一个极其精致以至于在全国竞赛中获得第二名的 K'nex 结构，然而，当他将这个智慧拼装玩具带到学校并问他的老师，是否能展现给全班同学时，他却被告知“我们没有时间让你去展示，我们有更重要的事情去做”。另外一个孩子的作品被他的老师责骂为涂鸦：“如果你花费了整天的时间只是在纸上画一些高楼大厦，那么你这辈子将一事无成。”讽刺的是，这个孩子的爸爸就是一个成功的建筑师，以画高楼大厦为生。

开拓型神经外科医生弗雷德·爱泼斯坦博士（Dr. Fred Epstein)，在青年时代就表现出对机械方面持续的唯一兴趣，如建造一些精美的飞机模型。由于读写困难，爱泼斯坦几乎不能从大学毕业，并一开始就被他申请的所有十二所医学院拒绝。但是成年后的爱泼斯坦开发了很多新颖的高度创新的外科技术，治疗以前不能动手术的脊髓肿瘤，这些技术的的确确拯救了成千上万孩子的生命。应该认识到的非常重要的一点是，在爱泼斯坦发明这些技术的过程中，他没有使用在某些课堂上学到的东西，而是发挥了他在车库里建造飞机模型的才能。

为了分辨出我们下一代中有才能的工程师、发明家和物理学家，我们不应该使用笔和纸来进行“选秀”或看谁能在《疯狂的数学课》节目中最快找到答案。我们应该在乐高商店和兴趣商店里寻找具有空间能力的奇才——就像在球场闲逛的体育球探一样。我们下一代中许多伟大的实质推理家们，目前正在学校中奋斗，他们的才能不被认可，而我们并没有对他们独具特色的发展给予更多的关心。

第九章

M优点的关键点

实质推理——指对目标客体的物理特性和物质界进行推理的能力。它是最普遍和最重要的才能之一，并被发现在读写困难者处理问题的方式中。记住M优点的关键点是：

• M优点的终极目的是去创造一个连续的、互联的三维视角系列，作为对真实世界的、总体或宏观空间特征的推理基础，而不是针对精细或二维特征。

• 被有M优点的人感知到的空间意象可以有多种形式，从清楚的视觉意象到非可视的感觉，如力、形状、质地或运动。

• 空间意象的形式并不重要，重要的是推理者如何利用它。

• M优点常常伴随如符号反转和细微的语言挑战等缺点。

• 一般来说，读写困难者，特别是那些有突出M优点的读写困难者，表现出较晚成熟的发展模式，他们的发展进程应该用他们自己的成长时段来评判，而不是使用非读写困难者的标准去判断。

· 有明显 M 优点的读写困难者可能会在低年级时遇到困难，但同时也表现出令人印象深刻的课外创造能力。

· 有显著 M 优点的读写困难孩子带有极大的潜能并常常成长为卓越的和有创造力的人物。

让我们回到这节的开始部分：关于兰斯·海伍德和他的家庭。和兰斯见面后不久，我们接到了他妻子杰妮的电话。她有一些关于他们大儿子丹尼尔的问题需要咨询。几年前，在我们的诊所看见过丹尼尔，像他的爸爸，丹尼尔也有读写困难和显著的 M 优点。

5 年以来，丹尼尔一直在州立大学补习在家庭学校中没有学到的课程，他擅长学习和空间有关的课程，如物理和高等数学。像他爸爸，丹尼尔常常以他自己独有的方式解决问题，而不是使用课堂上所教的方法，但他的答案常常是正确的，这一点，他获得的高分可以做证。

丹尼尔也是大学机器人社团的成员，过去几年，他们多次外出参加和其他大学的比赛。有一年，他为社团的“火星漫步者”设计了一个关键的元件，在全国比赛中获得了第二名。

杰妮告诉我们，丹尼尔正在申请几个工程专业和生物机器人专业很强的大学，他打算作为全日制的学生，去学习怎样更好地为身体残障人士发明医学设备。杰妮提到了丹尼尔申请的大学之一，我们告诉她，我们和那个大学有联系，丹尼尔可能会乐意去见见系主任。

我们愿意帮助她的孩子，也愿意帮助所有的读写困难者。

4

I 优点

相互关联推理（Interconnected Reasoning）

第十章

MIND中的"I"优点

"每一件事情都和关系有关。一件事情所呈现的面目是它们和其他事情的关系所决定了的，所以不能孤立地看待任何事情。"

从杰克·劳斯（Jack Laws）在旧金山家里打给我们的电话中，可以清楚地知道他对于关系和相互关联的看法不仅仅是一句随口说出的话，而是他理解和感知这个世界的真实的表达。他和越来越多的人分享这个观点，这些人都是他那本著名的关于加州野生生物的《野外指南画册》的读者。这本出版的画册是用来纪念另外一个伟大的加州自然科学家：约翰·缪尔·劳斯（John Muir Laws）的。

任何看过杰克《野外指南画册》或出席过他讲座的人都知道他是一名教特殊技能的老师。但是，当杰克还是孩子时，做梦也不会想到他能作为老师去给别人传授这么多的东西，因为那时，他发现要学会这些东西对他来说太难了。

当他第一次认识到“有些古怪的事情一直在我大脑中”时，他是二年级或三年级的学生。虽然他非常聪明并努力学习，但是，似乎还是学不会同学们轻易掌握的很多事情，如阅读、正确使用字母和牢记数学信息。

杰克的父母送他去做了评估，他被诊断为读写困难。有针对性的学习治疗，减少了很多对他有挑战的课程：阅读、拼写、写作和数学。“这个治疗师试图去告诉我的老师们，怎样帮助我学习，但是老师们没有接受过对‘读写困难’判断的培训，他们根本不知治疗师所云，这是一个新事物。我的老师们认为让我学习的最好方法是在其他学生面前让我尴尬——实际上，那不起任何作用。因此，我多次转学。我很清楚地认识到，其他孩子能够做的事情，我却做不来，久而久之，我越来越相信我不是一个‘聪明的孩子’。”

和杰克在班上没有得到任何鼓励相反的是，校外有几束“明亮的光”支撑着他的精神，并鼓励他去发展他的想法。“我的爸爸是一名业余的野鸟观察家，我的妈妈是一名业余的植物学家，因此，在所有的家庭旅行中，我们都常常在一起学习大自然。我有我的野外观察笔记，但是，对我而言，很难用文字记录下来。取而代之的是，我画了大量的示意图和素描，包括我看见的鸟儿、我发现的花卉、正在忙碌的昆虫和各种动植物。这些笔记成为训练我更仔细地观察周围世界的方式。如果想对一个物体进行素描，我就会一而再再而三地观察它，我发现甚至最普通的东西都藏有秘密，都能有新的发现。”

正是这些家庭野外远足，使杰克第一次认识到了在自然界中，将每一件事情连接起来的关系网。“在这些家庭郊游中，我要么和妈妈一起匍匐在地上观察花卉，要么和爸爸一起寻找鸟儿，或者在山地草甸上四处抓青蛙。因此，我不仅仅是单独看花或抓鸟，而是在一个包含所有这些不同元素的地方开展活动，并且，这些元素之间也有互动。所以，我的素描本里满是我看到的各种各样的东西——不仅是昆虫或鸟儿，实际上，从很小开始，我看到的就是生态系统。”

杰克另外的“一束亮光”是童子军活动。“在男童子军中时，我有一个非常愉快的经历，我是我们侦察组的头儿。在美国旧金山湾区的辖区内，我能打最牢固的单套结，我真的擅长去领导一组孩子、解决问题、帮助人们和睦相处、示范急救技能。我还擅长读地图：只看局部地图和地形，三维地图就能在我的眼前弹出；我有比其他人更强的找路能力。这些都让我有更多的自信，自信的确对我的童年非常重要。但是在学校的学业上，却并非如此。”

直到高中二年级，杰克才最终找到作为学生的感觉。他的转折点和两个老师有关，一个是生物老师，另一个是历史老师。杰克赞扬了两位老师对他生活产生的积极影响，他们“不在乎我的拼写，而是看重我写的内容。因为他们帮我认识到我是一个很有思想的孩子，所以，我的大脑发生了一次革命——我认识到我仅仅是不能正确拼写而已。最终，我明白了正确拼写和思想是两件不同的事情。这对我来说，是非常重大的观念。这个观念一直伴随着我去完成每一项工作，而对这两位老师，我愿意为他们做任何事情。他们两位在一学期里改变了我：他们给我打开了一扇门，我走过这扇门，开始起跑了。这是多么令人兴奋的事啊！我的生活，以及由此带来的转变，完全是因为这两位老师的影响。”

杰克打算在历史和生物领域中选择职业，他认识到，“历史专业要求更多的阅读和书写，而生物专业，可以让我有更多的户外工作并能听到虫吟鸟鸣”。

杰克选择了生物——是工作也是他热爱的生活——最终，在一次班级集体到约翰·缪尔步道远足（John Muir Trail）时结出了硕果。“在旅途中，我开始幻想一个完美的《野外指南画册》，它应该包含我看见的每一样东西的全色图片。”

很多年里，编写《野外指南画册》的想法一直是杰克的目标和无数白日梦的主题。“我可以看见这本画册的所有章节，以及页面的图案和如何组织它们。”

接下来的几年是杰克迅速成长的时期。“在高中毕业进入大学的时候，我意识到，能够做很多不同的事情去弥补我难以完成的任务。一旦认识到自己能很好地完成一些工作，那么，读写困难就不足挂齿了，您知道去如何弥补和应付它了。”录音书和一个带拼写纠错的词汇处理器，为杰克在学校里取得成功提供了特别的帮助。“不要害怕科技，拥抱它提供的帮助是非常重要的。我仍然不能拼写；仍然不知道乘法表；没有有声版本，我从没有从封面到封底完整地读完过一本书，但是我一样做得好。”杰克口中的“做得好”包括从加州大学伯克利分校（University of California, Berkeley）获得的环境保护和资源研究学士学位、从蒙大拿大学（University of Montana）获得的野生生物学硕士学位和从加州大学圣克鲁兹分校（University of California, Santa Cruz）获得的科学图解学位。

完成这些培训后，“我背起背包直奔内华达山脉（Sierra Nevada），开始画野生的花卉和动物，并一直这样做了 6 年”。

我们和杰克谈到，一种不可思议的、他在《野外指南画册》中所传递的和所关注对象之间的共情能力，我们也曾在许多读写困难孩子的身上看到过这种相同的、能进入动物智慧里的非凡能力。“这太有趣了”，杰克回应道，“我和自然界的联系并不仅仅停留在物的层面上，而是深入到精神引起共鸣……当我讲述大自然历史时，在我的脑海中，所有的动物并不是这个物种或那个物种的空洞描述，而是有性格的人物。我赋予它们声音和情感。有些人会非常小心地避免把所见的这些物种人格化——当然，将您周围所有的东西赋予人类的视角，在科学上来说是不正确的；但是当我认识到，我的人类视角看到的世界不同于一只狼獾觉察到的世界时，我仍然不停地对这只狼獾或鼠兔讲话，设身处地为它们着想，并从它们的视角对事情给出评论。”

“有时候，我的脑海里会浮现出这样一幅场景：我背靠一棵树坐在一个地方，看着某个东西，脑子里在想：‘它怎样和在这儿的其他东西发生关联呢?’然后，我就想象出一种彩色的能量线在这两个东西之间出现了。然后，我将看着这两个东西怎样发生关联，我尝试在脑子里去画出在我面前的这两个东西之间的关系网，一个三维的网络。我对自己说：‘这仅是一些我已经经历和研究过的事情，还有更多我不知道和了解的事情。’”

“约翰·缪尔说：世界万物都是相关联的。作为科学家和生物学家，我们挖掘得越多，就越能体会到约翰·缪尔说法的正确性。您不能孤立地看待任何事情。我不知道是否我更容易看见联系，但实际上，有时我能够视觉化它们。我能想象浮现在我面前的厚厚的关系网，非常清楚，我是网中的一部分，并且，我和这些网中的线相互连接着。”

相互关联推理：有意义的网络

杰克·劳斯是一个具有令人难忘的I优点或相互关联推理的

杰出例子。有显著I优点的人，往往用独特的方式看待事物。他们都是一贯具有创造能力、感知能力、跨学科的复合型人才。无论他们看见或听见什么，都总是会让他们联想起其他一些事情。一个想法接着一个想法。我们经常从他们的父母、老师、配偶和同事处听到像这样的说法："他们能看见其他人忽略的联系"或"她经常说似乎和主题无关的事情，然后，五分钟后，我终于能明白并能看到她已经正确地跳到了关键的问题上了"。

I优点创造出了能够发现两个不同物体、概念或观点之间相互联系的杰出能力。它们包括：

·或者通过"相似"（相同）或者通过"关联"（相关性或原因和结果的关系），发现现象（如物体、想法、事件以及实验）之间是怎样发生相互联系的能力。

·使用从许多学科中借鉴的方法和技巧，多视角看现象的能力。

·整合有关信息，从全局的角度去分析一个特殊的事情，抓住要点或捕捉到在特殊环境下，事情的本质或相关联方面的能力。

当您看见上面的列表时，可能想知道读写困难者是怎样很容易地建立这些复杂的联系的。因为并不是所有的联系都是相同的，这就如大多数人很容易建立声音和符号之间、基本数学公式和答案之间的联系一样，对读写困难者来说却是不容易的。

在第一部分，我们了解了 M 优点有助于创建一个用来理解和操作空间信息的三维空间模型，这个空间模型对了解全局空间关系有特别的作用。在本部分，我们将看到 I 优点同样能有助于建立一个多维的模型，但是这个模型是概念上的而不是空间上的。如同空间模型一样，概念模型帮助组织和操作信息，它明显地反映出了在形成特别适合处理全局联系而不是精微细节的大规模脑回路时读写困难的优势。下一章，我们要介绍三种形成概念模型的 I 优点。

第十一章

I优点的优势

相互关联推理的力量在于它能将所有的单个知识、思想和思维方法连接成一个集成的概念模型。这个集成的模型，充满了难以置信的力量，因为它允许从多个不同的角度、水平和观点去接近关注的对象，以至于该对象能以新的方式被发现，能与其他相关的现象发生联系，并在更宽泛的环境中被理解。帮助形成这种概念模型的I优点包含三个核心能力：探测不同的被关注对象之间关系的能力；改变观点和方法的能力；使用全局或从上至下的视角去推理的能力。

发现关系的优势

第一个I优点是探测现象之间关系的能力。现象包括物体、思想、事件和体验。这些关系分为两种："相似"（相同）的关系和"关联"（相关性或者因果）的关系。

相似的关系能连接物质对象、想法、概念、感受、情绪或任何种类的信息，相似性的范围能从完全的文字到纯粹的比喻。有些读写困难者擅长探测特殊种类的关系（例如，那些相连的可视图案，或相连的言语概念），而其他读写困难者的优势表现在发现更普通的相似关系上。

几篇已经发表的论文也谈到，作为一个群体，读写困难者在发现相同性和相似性上表现出特殊的才能。在一篇发表于1999年的论文里，英国心理学家约翰·埃弗雷特（John Everatt）、伊恩·史密斯（Ian Smythe）和贝弗莉·斯特弗特（Beverly Steffert）在两个视觉空间创造力的测试中，比较了有读写困难的大学生们和非读写困难同学们的表现。两个测试都测量了认知不同物体和形状之间相同点的能力，即发现一个东西怎样能代表或代替另外一个的能力。第一个测试叫"替代的用途"，学生们被要求尽可能多地去列出他们能够想到的易拉罐或砖头的用途。第二个测试是"图画制作"，要求学生们使用五种不同的几何形状，去组成尽量多的不同图画。

结果是明显的。在两个测试中，读写困难的学生们轻而易举地完胜非读写困难同学们。想象一下，在"替代的用途"测试中，多列出了30%的可能性，在"图画制作"测试里，多画了三分之一多的图形是什么概念。埃弗雷特后来测试了更年轻的读写困难者，也得出了同样的结果。

在我们的诊所里也发现了，很多读写困难者在探寻物体、结构或物理图案的相同性时，都表现出了极大的优势。很多人是非常杰出的设计师、艺术家和建筑师，这些优秀的专家，在他们成长为能够阅读之前，都是通过特征来认知工作的。很多专家同时也是多产的发明家、建筑工和雕刻家。他们具有特殊的应变才能，能用到手的任何材料去构建他们的项目，展示出能发现这些“无用零件”和其他物体之间相似性的非凡的能力。在我们“读写困难优势”公司的网站上（http：//dyslexicadvantage. com），您能在玛丽艾尔（Mariel）作品里，看见这种能力的优秀例子。玛丽艾尔是一名有读写困难的天才学生，就如杰克·劳斯（Jack Laws）一样，劳斯是一位天才的自然学家同时也是艺术家。十一岁时，玛丽艾尔在竞争激烈的地区艺术竞赛中脱颖而出，获奖作品是她用一些废旧物品制成的“垃圾雕刻品”之一。

很多读写困难者在探测词汇和语言概念之间的相似性上也具有特别的才能。这些联系包括：类推、隐喻、悖论、替换单词或概念的意思（特别是更远或“第二层”意思）、声音为基础的相似性（如同音同形异义词、同韵词、头韵、节奏上类似的词汇），以及相似的属性或种类（如外表、尺寸、重量、构图，以及用途和功能）。

当观察读写困难者怎样理解和使用词汇和语言概念的差别时，我们首先注意到在我们的测试系列中，读写困难者擅长发现语言或概念的联系。就如我们在第四章中所讨论的，当处理一个单词或概念时，许多读写困难者能激活一个不同寻常的包含了可能意思的广泛区域，而不是仅集中在一个意思上。因此，他们不可能马上给出主要或最普通的答案，而是给出一个不一般的或创造性的答案，包含了延伸的意思和关系范围。

对于某一项任务而言，这种更广泛的概念连接能够创造一种优势。例如，读写困难者经常在需要概念上连接几个项目的测试中，在发现它们之间的联系时表现出杰出的优势。作为普通 IQ 测试的一部分，将三组图画给被测试者，然后要求他们从每一组图画中，找到一幅能够与普通概念相连接的图片。这个任务能够释放出接受测试的读写困难者令人吃惊的创造力。虽然，几年来我们一直使用同样的图画，但是，我们仍然能从读写困难受试者中，收到对这些问题的全新回答。

在词语相似性的测试中，读写困难者更有可能观察到更不相关和更不普遍的联系。例如，当我们问 *blue* 和 *gray* 如何相似时，大多数人的回答是“明显的”，即它们都是颜色。而读写困难受试者的回答有时是“它们是国内战争时，军服的颜色”，或“它们是大海在阳光下或暴风雨天气时的颜色”。最近，一个非常聪明的七岁读写困难男孩在回答我们的问题“一只猫和一只老鼠有什么相似之处?”时，骄傲地回答道：“在很受孩子们喜欢的一档叫作《汤姆和杰瑞》的电视节目中，它们是两个主角。”

当我们要求读写困难者解释模棱两可的句子，而这些句子可以用很多方式正确解释时，我们经常能观察到读写困难者明辨不相关和不普通关系的强大的能力。在英语中，词汇有模棱两可的意思是很普遍的，因为很多词汇有多个意思或可以被当作句子的不同的部分（名词、动词、副词，等等）。实际上，在《牛津英文字典》（*Oxford English Dictionary*）里，就五百个英语中最常用的单词来说，平均每个单词就有二十三个不同的意思。正确地分辨出每个单词在一个特定句子中的意思，需要一个处理系统，这个系统既能知道该单词许多可能的意思，也能根据句子的内容选定恰当的意思。测试时，我们一般都要求受试者在故意被模糊的句子中，找到一个单词的两个或更多的意思。例如：

The chickens are too hot to eat.

I saw her duck.

Please wait for the hostess to be seated.

Students hate annoying professors.

They hit the man with the cane.

I said I would see you on Tuesday.

我们发现，那些在精细语言测试中表现优秀的学生，在分辨单词意思时反而会遇到障碍，而在许多精细语言测试中有麻烦的读写困难学生却能毫无困难地正确理解这些句子。认识一个单词的替代意思的技能非常有益于理解所有复杂信息，例如故事、玩笑、对话（特别是非正式的）、诗歌和所有比喻的修辞语言（如类比和暗喻）。就如我们在第四章里所讨论的，这项技能对于阅读也是极其有用的，特别是对阅读有困难的人。

有明显I优点的读写困难者经常也表现出能够发现紧密关系的强大能力，即在事物、思想、体验之间的相关性或原因和结果。这种能力有时被称为模式探测，模式探测已经被专家们当作读写困难的一种特殊的优势。探测相关性或因果方面的能力是有用的才能优势，包括在科学、商务、经济、投资、设计、心理学等各式各样的人类关系领域。杰克·劳斯（Jack Laws）在他经常看见的“事物之间三维关系网络”的描述中，表达了他对自然界中普遍存在的因果关系的察觉，以及他的“事物之所以呈现如此面目，是由它们和其他每一件事物的关系所决定的”。

另外一位证实了自然界有相互关联性这个敏感观念的读写困难科学家是詹姆斯·洛夫洛克博士（Dr. James Lovelock），他提出了广为人知的盖亚假设（Gaia hypothesis），这个假设描述了地壳的气候和化学成分以及大气层发生了积极的互动，形成了保持地球处于一个“生命感到舒适状态”的复杂系统。当洛夫洛克注意到地球大气层化学成分和海洋化学成分的差异之间存在着微妙关联时，他首先提出了这种关联假设。在洛夫洛克认识到地球的大气层几乎是完美地适合生物的生命之前，其他的科学家们并没有发现这种被一个互动的紧密连接的化学过程网络所维持的特殊平衡：这些科学家观察到了同样的事情，但是，忽略了形成整个系统的相互关联。

视角转换的优势

第二个I优点是在不同的观点和方法之间发现关联的能力。I优点帮助它的拥有者找到研究一个特殊问题、想法或现象的不同的方法和技巧，这些方法和技巧能够从不同的学科或专业借鉴到。

当遇到新问题或承担项目时，有I优点的人更喜欢使用跨学科的而不是本专业的研究方法。典型的，他们会拒绝把知识和学科严格分类的传统方式，并且不满意狭窄和极其单一的方法。就如同他们能够解决并深刻理解问题一样，他们会尝试使用多种不同的方法，经常借用和改进来自多种不同区域的技术，并以新的方式加以应用。

对信息的关注，使得读写困难者在许多领域成为知识渊博的多面专家，而不是在一个领域里高度专业化。这种跨学科的思维形式，使得他们常常发现新的创新途径，并将这些方法应用在包括他们不常接触的领域里。有时候，他们认为有趣的问题需要新的解决方法时，也驱动他们去寻求接受更多的培训。例如，詹姆斯·洛夫洛克已经有了一个生理学博士学位，但是，随着对环境科学和气候学越来越大的兴趣，他又追求在生物物理专业的第二个博士学位。最终，正是这种混合的专业观点引导了他把地球的生物圈作为一个生理系统来进行了解和研究。

过去，很多有严重读写困难挑战的人，不能通过传统的学习路径来完成他们的专业训练，从而不得不通过积累工作经验或自学来获取他们的技能。例如，杰克·霍纳（Jack Horner）总是盼望成为古生物学家，但是，读写困难使得他因为成绩不合格而七次从大学退学，他不得不放弃传统的学校教育。最终，霍纳通过自己的方式从博物馆初级技工的职位，成了世界一流的古生物学家之一。今天，他既是蒙大拿州立大学（Montana State University）的全职教授也是落基山博物馆（Museum of the Rockies）的馆长。

许多读写困难者集于一身的这种特殊的优势和挑战，常常导致他们具有不同寻常的多变的生活历程和职业生涯。我们一直认为，如果将这些读写困难者的生活故事做成一串“故事瓷砖”，那么，根本不可能将这些瓷砖按正确的顺序组装。但是回顾往事，他们生活中的种种周折常常能这样理解——它们仅仅是不能被预先知道而已。指引他们生活道路的互联推理逻辑是如此完全不同于传统逻辑，而传统的逻辑必须被仔细观察，否则，似乎是完全没有逻辑的。

大局观的优势

第三个也是最后一个I优点是：能将不同种类的信息合成为一个单独统一的宏观信息的能力。I优点具有观察由不同部分合成的整体的能力以及分辨出核心本质的能力。这项重要的才能是读写困难优势的主要元素之一，我们在第四章讨论过，它是由于读写困难大脑被组织和构造去形成更大电路的基本方式变化所引起，它联合了多个加工中心。我们能通过探索它的关键元素之一：要点，来更好地理解大局面推理的优势。

“要点”是关键点、本质或一件事情的全部含义、思想、概念或经验。它是粗略的、粗糙的或全景式的，而不是细节图：是森林而不是树木。要点涉及整体形状或轮廓，或核心含义。要点探索帮助我们认识整体的轮廓或环境，让我们拥有一个更好的、能够帮助澄清任何模棱两可或不清楚信息的机会，以及决定相关的和不相关的信息的机会。例如，当记录的电话或收音机信息被窜改后，我们使用要点探索去决定作为一个整体的信息内容，然后，使用上下文的知识去填补我们已经错过的细节。

所有的语言信息都有一个要点，但是这个要点并不是通过把在信息里的每个单词的主要含义简单地加合后，再去计算全面的含义，如同做一个加法而得到。取而代之的，信息的要点或全面意思必须通过仔细地考虑所有单词和短语的所有可能的含义来提取，然后再来决定作为一体的信息的本质。通过搜索要点，能够找到源头的含义和意图的线索，以及源头的情绪和风格。最终，认定要点的技能极大地接近我们所说的“理解”，除了最简单的词语信息，它们对于决定所有的含义，特别是复杂的信息，如故事、戏剧、诗歌、玩笑，或社会的相互影响都是必要的。

要点探索同样有助于I优点。要点探索允许我们去恰当地确定类比和暗喻。它同时帮助我们决定最好地理解某个思想所应该使用的视角、观点或方法。遵循这个思路，要点探索被认作为探求一个目标、思想或信息的相关环境或更广泛背景的能力。

对于理解词语信息，研究者已经揭示了读写困难者比非读写困难者更多地倾向于依赖要点探索的现象。迈尔斯（T. R. Miles）和他在威尔士邦戈大学（University of Bangor in Wales）的同事们给了读写困难和非读写困难的大学生四个复杂性增加的句子，并测试了每个学生能够逐字重复这些句子的时间。相较于二十四位非读写困难者中，没有一位是超过八次就能掌握句子的细节而言，读写困难学生需要相当多的重复，有些甚至高达二十五次的重复才能记住句子的细节。尽管在掌握细节上有困难，但是，读写困难学生在获得句子的要点上却和非读写困难学生表现得一样好。

很多有读写困难的读者特别依赖要点的背景线索和上下文。这就是为什么许多读写困难读者能更好地理解较长而不是较短的段落——特别是如果附加的段落包含有帮助的上下文线索。我们经常听到，读写困难学生在一个复杂段落中，每两个或三个单词就要念错一次，就想知道他们怎样理解他们所读的内容。然而，当段落提供了有帮助的上下文背景时，我们常常发现，读写超级慢和不正确的读写困难者对内容都有令人吃惊的理解力，甚至在有些方面可以称作是杰出。这种“突然上升”的优势，极大程度上是由于他们使用上下文线索去抓取段落要点的能力。这种能力允许他们在理解单个单词的意思时，能进行正确的猜测。反过来，当段落没有含有上下文线索时，随着段落的增长，理解力通常变得更差。

许多读写困难者喜欢附加有上下文的系列丛书。系列丛书含有很多同样的人物、背景、活动，并经常使用相同的词汇。当读写困难者事先通过电影版本或一个关键词列表，了解了他们将要阅读段落的概要后，对书本内容的理解就大为提升。

除阅读外，这种要点探索的技能，对很多领域都有极大的帮助。许多有突出I优点的读写困难者形成了在生活中所有方面也仔细搜寻要点和背景的固定习惯。因此，他们经常寻找明显意思背后越来越深的含义和背景层面。这种发现一个想法或事情或工作深层重要性的持续的“剥洋葱”模式，在我们研究的读写困难者身上不断地被反复看见。常常，在他们的成功中，这种模式扮演了关键的角色，引导他们对被认为是理所当然的事情和想法产生疑问，允许他们去发现“藏在光天化日之下”的秘密，经常让其他人扪心自问：“为什么我没有注意到?”后面的章节里，在讨论一位非常成功的读写困难者的工作时，我们将说明要点探索技能的价值。

第十二章

伴随I优点的缺点

就如MIND优势的其他部分一样，I优点经常伴随认知上的缺点。事实上，我们迄今已讨论过的每一个I优点都伴随着与之对应的一系列反面的挑战。

伴随善于觉察关系的缺点

探测相同或相像关系，虽然能够看到广阔的意义领域，但在某些场合，倾向于去辨明远程或第二关系而不是去马上确定主要联系，可能使事情出现差池。在一些要求速度、准确性、可靠性、精密度，而不是创造力、新颖性或洞察力的场合，特别可能引发问题。

对于读写困难人群来说，智商测验是不适合他们的。比方说，智商测验会使用文字或图片关联来测试一个人的智商。但是，读写困难者能看见的关联点与常人不一样，虽然他们解释起来非常有逻辑性而且并无问题，但是这并不是智商测验所需要的答案。

这种能够发现不寻常关联的才能，也会在课堂上带来困扰。大多数学校的作业如阅读文学段落、回答简单的问题或按照明确简单的指示行动——其实在脑子里，是很容易确定它的主要意思的。但是，能想起更多远程含义的学生反而表现出了困扰或“偏离目标”，因为他们的大脑没有“收到”简明答案，还可能受困于其他人并没有觉察到的模棱两可。

当一项测试以直截了当的方法和文字呈现时，这种更宽广的关联模式也能破坏理解速度、缜密度、准确性和可靠性。一个典型的例子是多项选择考试。愤世嫉俗者认为多项选择试题的简洁、密集、无上下文语境的句子，是被专门设计来为难擅长探测次要含义或词汇远程关系的读写困难者的。这些受试者注视着多项选择试题，就如同一个正在审查一份合同，发现漏洞、歧义以及潜在的无人想要的免责条款的律师。当他们的同班同学使用“合理的怀疑”标准评估问题时，他们却在找寻“毫无疑问的证据”。因此，甚至一个不确定的暗示都会导致他们拒绝大多数学生认为是正确的答案。如果他们在读题时还有些不流畅的话，多项选择一般就成了噩梦。更进一步，甚至已读过更长段落或完全理解整本书内容的读写困难学生都有可能受困于多项选择考试。

对于一些读写困难者来说，每一个单词或概念都可以被如此丰富的关联网所包围，这些关联能够导致无意义的替代。有时，这些替代词汇包括了“近似的差错”或近音词汇，就如 adverse/averse、anecdote/antidote、persecute/prosecute、conscious/conscience、interred/interned、imminent/eminent、emulate/immolate。引起这样错误的原因一般归结为存在声音处理的问题（即有语音意识的困难），过度考虑替代词汇暗示了除了受损的文字声音处理能力外，还涉及其他因素。还记得马克吗，我们在诊所里见过的那个男孩？马克是一个知识面很广，想象力丰富，极具创造力的孩子。然而，他经常受困于如何正确表达他的思想。有时，他的替代语言涉及了相似语音结构的词汇，例如：

“There were three people out in the **missile.**”（正确的应是：middle——译者注）

“I was looking at an **add column.**”（正确的应是：ant colony——译者注）

“Look at the **winnows.**”（正确的应是：minnows——译者注）

“Those people are **cocoa.**”（正确的应是：cuckoo——译者注）

“Being dizzy can really affect your **carnation.**”（正确的应是：coordination——译者注）

"That purple light caused an **obstacle** illusion."（正确的应是：optical——译者注）

在其他场合，马克用结构上仅有一点相似的词汇替代有一些共同含义关系的目标单词（例如声音、长度、韵律）：

"We made this for Dad's**graduation.**"（正确的应是：celebration——译者注）

"Max，**quitignoring** me."（正确的应是：annoying——译者注）

"Jim was there at the **book club.**"（正确的应是：chess club——译者注）

在另外一些场合，马克用结构上几乎没有相似的词汇作替代，纯粹只是概念上的关系：

"Don't eat that——it will spoil your **breakfast**"（正确的应是：dinner——译者注）

"That was a great **Valentine's**，wasn't it!"（正确的应是：Christmas——译者注）

"Mom，where's the **bacon**?"（正确的应是：baloney——译者注）

"Those curtains have polka **dots.**"（正确的应是：stripes——译者注）

像这样的概念替换被称为阅读倒错的错误或语言错乱的错

误，当在阅读过程中出现时，它们有时被称作深度替换。虽然它们没有比基于声音的错误更普遍，但以我们的经验来看，读写困难者有这样的错误（至少偶尔）还是比预计的多。

读写困难作家艾琳·辛普森（Eileen Simpson）在她的自传，《反转》（*Reversals*）中，生动地描述了她经常犯的阅读倒错的错误。她谈到的一个例子是她无意间用 feather（羽毛）替代 leaf（叶子）——一个概念上的而不是基于声音的替代。随着时间的流逝，辛普森学会了通过假装它们是故意的双关语或玩笑来掩盖这种错误（当它们被指出时）。

我们相信，这种替代的倾向是和读写困难者察觉远程概念关系的优势相对立的。作为对这种看法的支持，我们已经发现了喜欢做这些替代的人，最擅长于做模棱两可或要求发现远程关联的测试。

如果您的注意力不集中很容易分心的话，“关联”关系上的特别优势就会被削弱。许多研究已经发现，读写困难者在剔除不相关的环境刺激如噪声、移动、视觉模式或其他感觉时，遇到过困难。这种受环境影响而分心的敏感度是读写困难学生在考试和做其他需集中注意力的工作时，需要获得特别关照的主要原因之一：他们完全不擅长自动屏蔽不相关环境的刺激。这些分心，干扰了他们的意识觉知并窃取了工作记忆资源。

“潜伏抑制”（latent inhibition）是人类大脑用来过滤讯息的

机制。由于外面世界的讯息太多，若没有抑制讯息的机制，根本无法应付大量讯息的入侵。事实上，潜伏抑制可使您成为大多数老师梦想拥有的学生。潜伏抑制和创造力之间成反比关系。这就意味着，具有最高创造力的人，在潜伏抑制的测试中得分更低并且更容易分心。实际上，哈佛大学学生中的一项研究表明，具有异常高创造力成就的学生中接近 90％的人在潜伏抑制测试中，得分低于平均分数——就如同读写困难者一样。当评估读写困难者的注意力集中和分散之间的平衡时，需要关注这一点。

伴随视角转换优势的缺点

在视角之间转换的能力是第二个 I 优点，也是非常有用的，但前提是您得认识到这个改变正在发生，并且在您的控制之中。但是，我们经常发现能够轻易转变视角的人们，特别年纪越轻的，在还没有清楚认识到观点之前就转换了，这有可能把某些事情复杂化。例如，在一篇涉及动物行为的生物论文中，一个学生可以通过描述行为作为论文的开始，然后转换（适当地）到行为神经源的讨论，进一步地突然转向去考虑和主题不相关的神经科学的其他点。这个学生可能也把个人经历元素或并不是他真正拥有的看法带入论文中，忘记了他正在写的是科学论文而不是自传或评论文章。经常，这种学生的论文是华而不实的，而且，偏离了应该围绕的中心。对于具有很强转换视角能力的学生，学习控制整个文章的中心思想，常常需要很大的努力、更多的时间和明确的培训。

视角不断变换和跨学科的思维方式会引起一些文档整理归类上的问题。例如，有很强I优点的读写困难者，会经常恐惧整理和放置文件。这不是简单的因为他们有字母顺序排列的麻烦，而是因为他们有太多的归类标准去放置文件，并且极有可能丢失已经整齐放置在专有文件夹中的文件。他们经常喜欢将文件堆叠起来放置，以便更容易找到。爱因斯坦在普林斯顿的办公室有一些漂亮的画，它们的堆放形式优雅地诠释了读写困难的“文件归档模式”（只要在网上搜索“爱因斯坦的办公室”即可查到）。所幸，计算机存档和搜索功能，已经帮助减少了这个问题。

伴随大局观优势的缺点

伴随大局观优势的缺点是能导致对上下文和背景信息更大的依赖。大局观的思考者有自上而下的严密的推理模式。当一个大局面的概观已经到位时，这种模式会处于最佳工作状态，以至于新的大块信息能被加入到现成的概念框架里去。这就是为什么，当大局面思考者对目标至少有一个大致的了解或知道他们的目标是什么时，经常会学得更好。

大局面或从上至下的学习者，常常不能适应典型的课堂教育，因为从下往上的教学方法占据了学校的主导地位。在解释新信息的含义和重要性之前，学校经常要求学生们去记住新信息。这种方法对从上至下的学习者无用，因为他们仅能记住对他们有意义的事情，以及和他们已知的其他事情有关联的信息。如果他们看不到被要求学习的东西，就不能坚持。如果先没有一个大的框架把他们的知识填进去，信息就不能被他们理解。

依靠上下文，把指令分拆成最小的单元，是为了避免超出读写困难者所能承载的负担而导致失败的方法。读写困难者有一套从上至下、大局观的学习风格，一般能从传递更大概念的、更有深度的信息途径中，而不是从表面或调查类型的途径中学得更好。

有这种特征的人，同时表现出几个其他的特性。例如，一般能够看到，成绩好的读写困难学生，在临近期末时，还是稀里糊涂的，但是，突然获得了充足的信息后，就能够恍然大悟了。有这种模式的学生常常也更多地意识到他们被教导的知识中的缺失，因为他们能更多地感受到漏掉的部分。有这种特征的学生，在学校待得越久就会做得更好：对他们来说，大学高年级的课程比低年级的更容易，研究生院甚至博士后的工作比在本科时做得更好。

对于有这种强大的互联学习和概念模式的读写困难者，有些简单的步骤能帮助他们更有效和更快乐地学习。对于较长的阅读作业，事先提供给他们段落的概述（要点和上下文），能提高他们的阅读速度、准确性和理解力；如果包含了任何新的或特别的词汇，事先给他们一份关键词的名单将是很有帮助的；预习掌握的相关信息，将提高他们的记忆力和积极性；将新的信息和他们已经了解的事情结合在一起，也能提高他们的记忆力和理解力；在每一门新课或单元开始前，预习要点和将使用的方法，能使读写困难学生有更好的方向感、更多的自信和更好的学习结果。

为了展示I优点和与之相连的挑战是怎样在不同的阶段表现出来的，让我们进入下一章，以一位擅长相互关联推理的读写困难者为例——他的名字叫作道格拉斯·梅里尔（Douglas Merril）。

第十三章

I优点的表现

在道格拉斯·梅里尔年轻时，他奋斗的目标是创建基本的学术关联。就如他告诉我们的："阅读过去是挑战，现在也是挑战，要按时交作业，就意味着要使用一堆技巧。"对于写作，"每个字母都是朝后的"；对数学，"每个暑假，妈妈都要将加、减、乘、除重新教我一遍，直到我进入大学……我的数学一直不好，高中时代数还不及格"。

并不让人觉得吃惊，道格拉斯总不自信："我总是觉得是自己的错，这就引发了您能估计到的，孩子们通常出现的一些情绪，如过度防御和敌意，因为我觉得自己老是失败，一无是处。"

道格拉斯每天都异常勤奋刻苦地努力着，并且秉持着坚定的信念进行学习，但结果总是令人失望。直到初中他才认识到，尽管他在强调背诵和细节的考试中有困难，但他也有特殊的优势，最重要的优势之一是，使用故事去进行思考和交流的能力。

“在很早的时候，我就开始用写故事的方式去回答问题来代替作业的要求。因此，如果查看我在高中早期的大多数课程作业，您会发现我所做的事情都是在写小故事，我绝对记不住所有的细节，但，我能记住故事线。”

道格拉斯逐渐认识到在很多方面都可用到该技巧。但是，直到高中快结束时才认识到它与数学的相关性。“这个突破发生在高中，当我的代数不及格时。我的爸爸是物理学博士，我的兄弟是数学博士，我的一个姐妹是位实验物理学家，在核发电厂工作。所以，除了我以外，他们每个人数学都非常好。失败迫使我去寻找我擅长的事情，因为我不得不去发现一些方法去平衡自己失败的感觉。我认识到我能比大多数人更能讲故事。当看到在代数中所犯的错误时，我意识到，我正在精确地使用我的弱点。我原本并不打算把数学编成一个故事，而是试图通过死记硬背去记住步骤 A、B、C，但这却最大化了失败的可能性。”

虽然成绩不好，但是道格拉斯开始了缓慢的但是稳定的进步。高中毕业后，他进入了塔尔萨大学（University of Tulsa），在那里，他发现自己对研究宏观问题和改变世界的力量极感兴趣，并特别喜欢用跨学科的方法研究诸如此类的课题：“我一直都对心理学、社会学和历史交叠的部分感兴趣，因为这限定了我们能做的事情，我们怎样去做这些事情，以及我们怎样看待自己。”因为不能将专注力限定在一个课题，所以，道格拉斯获得了经济和社会学双学位。在他的空闲时间——他说他有很多这样的时间，他把自己描述成“无人约会的笨蛋”——道格拉斯学习了另外一项并最终在他生命中扮演重要角色的技能：成为一位破解计算机程序和计算机安全方面的专家。

大学毕业后，道格拉斯结合他在宏观问题、学习和认知，以及计算方面的兴趣，在普林斯顿大学攻读了认知科学的博士学位。其间，他在如何学习、做决策和人工智能方面进行了突破性的研究。

当我们问他，是什么激励他去学习认知心理学时，道格拉斯回答说：“纯粹是报复。为了解决问题，我已花费了生命中的很多时间，使用了各种投机取巧的方法。我认为考虑怎样才能把解决问题的方式模型化是非常有趣的，即怎样去思考和怎样去正确描述它。”

当他研究这些问题时，道格拉斯认识到，他自己领悟到的思考模式对其他人也可能有帮助。“当我调查人类问题求解方式时，我研究的方向之一是在数学和编程领域学习的人们——有点讽刺意味——我发现甚至非常擅长传统死记硬背技能的‘正常人’，如果能把写计算机程序也编成故事，他们也会做得更好。这些故事有开始、情节和结尾。现在，我的研究中，还没有一个人能达到我做的程度。但是，我证实了，当教会‘模范学生’去做我本能所做的编故事的事情时，许多问题求解的方式得到了改善。传统的学校都可以教会他们的学生这样做并让他们取得更大的成功。”

获得博士学位后，道格拉斯作为一名信息科学家在RAND公司（RAND Corporation）工作。RAND是一家有声望的，研究公共政策问题的智囊团。在RAND，道格拉斯结合他在决策制定和计算机安全方面的专长为客户进行研究，包括为美国政府在计算机安全和“信息战”以及敌对实体破坏信息系统方面提供咨询。道格拉斯发现他以故事去思考的能力以及看见“大局面”的能力在帮助他想象攻击的方法时，如利用弱点以及探测到信息安全系统的漏洞时，有难以置信的作用。道格拉斯同时还发现，在RAND，他的大局面、跨学科和以故事为基础的思考模式与工作契合得非常好。就如他告诉我们的：“RAND基本上是一个您能以讲故事的方式描述数据的地方。这点真正把我的优势发挥到了极致。我能和做数据分析的人们一起工作，我能够说：‘哦，这是我们要去的地方。’当时，我并不清楚，但是我拥有的才能能够说：‘你知道，我们应该去那儿……’实际上超级有用，特别是后来对我的经商生涯而言。”

道格拉斯拥有的才能最终引起了私企猎头的注意，并带给他一系列的高职位工作，在普华永道（Price Waterhouse）、嘉信理财（Charles Schwab），以及一家刚成立的名字叫作“Google”的湾区小公司。在 Google，他担任信息总监（Chief information officer）直到 2008 年。离开 Google 之后，道格拉斯是数字音乐（Digital Music）公司的董事长和 EMI 唱片公司新音乐的运营官（COO of New Music for EMI Recorded Music）。现在他自己成立了一家公司，他刚过四十岁。

当我们准备和道格拉斯会晤时，我们注意到在之前的交谈中，他经常使用类比的方法去说明他的观点。我们问他在他的想法中，是否探测到类似性是一个关键的元素。“绝对地，我爱类比。它们是我的面包和黄油。我感兴趣的事情常常来自类比。我并不明白我正在做的，直到我用一些类比去描述它。我讲故事的第一元素是提问：‘这个故事将如何发展？’然后，对每一个关键点使用类比。”

当我们问他，是否喜欢使用跨学科或多角度的方法去解决问题时，道格拉斯回答说：“是的，完全如此。我要考虑问题的很多不同的观点。”

可以看出，道格拉斯有明显的 I 优点。在读完本书后面的第五和第六部分之后，您能发现，道格拉斯还有显著的 N 优点和 D 优点。那么，他的 M 优点，即空间推理能力又如何呢？当我们问他时，道格拉斯大笑起来：“在空间推理上，我是深不可测的。如果我闭上眼睛，我不能告诉你们如何从我坐的地方走到办公室的门边，但是，我却能告诉你们从我的办公室到我家，有九个转弯，他们平均相隔三个街区。从这里，我不知道我的家在哪里，但是，我能把你们带到那里去。”

具有强大 I 优点的读写困难者，有很多创建关联的方法。

第十四章

I优点的关键点

在上几章中，我们已经讨论了互联推理在许多读写困难者的思维方式中所起的重要作用。需要记住的I优点的关键点如下：

· 发现不同种类信息之间有效关联的能力是一个重要的，甚至有可能是最重要的读写困难的优势。

· I优点包括发现相似和"关联性"关系的能力，发现观点和知识领域之间的联系，发现大局或全局联系。这些联系强化了探测要领、背景和相关性的能力。

· I优点在读写困难者中明显地被增强是因为他们的大脑回路偏向高度互联的创造力、脑回路特有的远程连接喜欢从上到下、全面处理问题的模式，以及对不寻常关系的认知。

· 这种结构和认知偏好，也使读写困难者们不能够快速、有效、准确地处理细节。

· 有明显I优点的读写困难学生们，在学习上能通过执行几个简单的步骤获得帮助，包括事先提供较长阅读段落的大纲和概论、预习关键词汇、提供教材在实际应用中的重要和有用的信息、将新信息和已学的现有知识结合起来、在课程或单元开始时，给他们呈现目标概观、介绍相关的“大局面”以及将遵照的课程计划大纲。

现实生活中的互联推理

让我们看看I优点是怎样帮助另外一位天才读写困难者的：哲学家、思想家、作家、公司CEO多弗·塞德曼（Dov Seidman）。在当学生时，多弗一直在学校里挣扎。事实上，他经常自嘲在高中时得的仅有的两个A：一个来自体育课，一个来自汽车课。然后，在大学里，由于偶然碰到了哲学课，他的学习方法被改进了。塞德曼告诉我们：“我和哲学相爱了。在我的教授的鼓励下，哲学帮助我克服了读写困难的挑战。虽然不能去阅读成千上万页，但是哲学给我的奖励是：对每一个想法都会去仔细考虑，我的无能转变成了一种优势。”

从根本上说，哲学是对要点的探索——即对各种背景和关联的搜索。它主要集中在宏观而不是细节。塞德曼发现，一方面他的智力能完美地和哲学契合；另一方面，哲学也以令人兴奋的方式，开发了他的智力。这种通过学习哲学而获得的方法和训练，教会了塞德曼去发现“在话语背后所隐藏的思想”以及应将精力聚焦在总则和要点上。

塞德曼发现，他有一种自带的、能了解这个世界以及解决人类应怎样在关系和竞争中去寻求结盟而创造构架的能力。塞德曼在加州大学洛杉矶分校（UCLA）同时修读哲学的学士和硕士学位，并获得了优异成绩。后来，他从牛津大学（Oxford University）获得哲学、政治和经济荣誉文学学士学位（B. A）。

在一家大的律师事务所获得工作后，塞德曼立即决定到哈佛法学院（Harvard Law School）去测试他的综合能力和兴趣。在他的书《怎样：为什么做任何事情都意味着做一件事情……》（*How：Why HOW We Do Anything Means Everything…*）中，塞德曼描述了后来所发生的事情：“在法律图书馆里饱览群书使我逐渐明白了，某些人在某些地方已经研究过了我正在研究的问题，了解得越多，越知道自己的无知（我所做的其实为零）。我看见了一个让大量商场中的人们用低成本去了解法律知识的机会。”

让我们暂停一会儿，去回顾所发生的事。塞德曼当时正在做成千上万年轻律师每天都在做的常规法律研究，没有人去进一步询问他们到底在做什么或为什么要这么做。但是，塞德曼是与众不同的。他的智力使得他把手上的工作看得更深刻，这种“哲学习惯”让他置身于他的工作之外，去搜索工作的要点和背景。

塞德曼的搜索揭示了两件事情：对于他来说，去研究一个无数的律师们先前已经研究过的课题完全是多余，在广泛领域里提供法律专业服务有极大的市场需求。这就是赛德曼公司（LRN）诞生的故事。

随着 LRN 的成长，赛德曼有了另外一个重要的发现：“我们努力工作的核心是帮助客户处理已经出现的法律上的烂摊子。我开始相信我们最好的服务应该是将法律问题防患于未然。”换句话说，不是简单地将注意力放在客户们当下的需要上，塞德曼再次抽身出来，去搜索客户们的根本需要。

随着分析引起客户问题的原因，塞德曼发现客户们并没有从法律、准则或承诺的观点上很好地理解这些问题，而是从组织或个人的行为以及这些行为的根源和导致这些行为的价值观上来理解这些问题。就如赛德曼告诉我们的：“古代哲学家赫拉克利特（Heraclitus）曾经说过性格即是命运，一个公司意味着不同的人有同一种性格、相同的行为模式和去获得声望的才能。”这些认识，让赛德曼得出结论，防范公司出现法律问题的关键是教公司去做他们应该做的每一件事情——从管理员工到生产产品再到处理客户的问题——就如同一个拥有好的性格的个人所做的事情。换句话说，塞德曼将哲学、法律和商务的观点结合起来，创立了一个看待互动、行为、兴趣和个人以及公司义务的新方法，这将导致更好的公司行为和商业成果。

塞德曼令人印象深刻的I优点——他能探测概念和事件之间的关系、发现采用不同观点的好处、看清显而易见的深层意义，这对他的成功起到了关键的作用。塞德曼已经被《经济时报》（*Economic Times*）命名为“过去十年全球顶级六十名思想家”之一，并被《财富》杂志（*Fortune*）评为“最热门的公司美德顾问”，他的公司已经在全球范围内帮助过五百多个公司的一千多万人。那正是互联推理的力量。

5

N优点

叙事推理（Narrative Reasoning）

第十五章

MIND中的“N”优点

安妮·莱斯（Anne Rice）在成年以前，一直是“一个糟糕的阅读者”。就像许多挣扎着的阅读者一样，她对学校的记忆是完全负面的：“学校就是折磨人的地方，上学就像蹲监狱，意味着囚禁、折磨和失败。”虽然她深爱故事，并且经常花几个小时去翻阅图画书，但是，糟糕的阅读技能使她除了从书中获得对“行动和事件”光秃秃的素描外，一无所获。但是，她通过在学校和家里大声朗读书籍，以及欣赏喜欢的广播剧和电影，形成和发展了对语言的节奏和韵律的热爱。

在整个小学阶段，安妮都在和阅读做斗争，但是对她来说写作却变得越来越容易。她从五年级开始写冒险故事并在班上表演这些故事，同学们的回应非常热情而且忽略了她的拼写错误。不幸的是，安妮发现没有一种方法能将她的写作才能转化为课堂上的成功。

直到高中一年级，她才终于领会到所读句子的意思。“回想起自己真正享受和喜欢其中的语言和故事情节的第一本小说是查尔斯·狄更斯（Charles Dickens）的《远大前程》（又名《孤星血泪》）（*Great Expectations*）……另外一本小说……是夏洛蒂·勃朗特（Charlotte Bronte）的《简·爱》（*Jane Eyre*）。我认为，我当时花了一年，也许两年的时间去消化这两本书……进度非常慢。”

尽管遇到了这些挑战，但是安妮对文学和写作的热爱却一路走高。当她进入大学时，她决定学习的专业是英语。不幸的是，不久后她就不得不放弃这个计划，因为她仍然是“一位重度残疾的阅读者”，不能按时完成作业。甚至一周内读完一本莎士比亚（Shakespeare）的戏剧，对她来说都是根本不可能的。写作也是同样的困难：“我很少通过考试……因为，我并不被认为是一个笔杆子。我给大学文学杂志社投过一个故事，但是，被拒了。他们告诉我，那不是一个故事。”安妮的拼写也一直有问题。就如她告诉我们的：“直到今天，我也不能拼写。我看不见单词里面的字母，我能看见的是单词形状和能听见它们。所以，我不能拼写。我总是对拼写充满敬畏并总是出错。”

安妮开始寻找另外一个她有可能取得成功的专业。她对塑造现代世界和去形成一个“连贯的历史理论”的伟大思想和信仰充满了狂热的兴趣。她考虑哲学专业，但是，也被她糟糕的阅读所阻断。安妮发现她“仅能够读懂让—保罗·萨特（Jean-Paul Sartre）的短篇小说和阿尔贝·加缪（Albert Camus）的一些作品。出现在当时（20 世纪 60 年代早期）讨论中的德国伟大的哲学家有很多，但我甚至没有读过其中任何一位的一页著作”。安妮最终选择读政治科学，她能够从课堂上抓住几乎所有的关键概念。她花了五年时间才拿到学位。

毕业后，安妮仍然被写作和文学所吸引。在 27 岁时，她回到学校去攻读英语专业硕士学位。4 年后，她拿到了学位。“甚至当时，我的阅读是如此的缓慢和糟糕以至于硕士学位口头答辩时，我根本没有读完三位作者：莎士比亚，弗吉尼亚·伍尔芙（Virginia Woolf）和欧内斯特·海明威（Ernest Hemingway）的所有著作，我也不可能读完他们的所有著作。”

所幸，安妮能写，在获得硕士学位后不久，她就开始写一本新的小说。那本小说的主题之一是被生活“关在门外”的经历以及梦想的实现——一种安妮感同身受的来自被“关在书本学习大门之外”的经历。3 年后，小说出版发行了，并成为畅销书。第一本书之后，安妮将她的书名定为《夜访吸血鬼》（*Interview with the Vampire*），共写了 27 部之多。这些书总共销售了一亿多本，使得安妮始终保持畅销小说家的称号。

叙事推理：经历的构造

您可能认为，这样一位有才能的而且如此成功的作家，居然有阅读和拼写的麻烦，简直不可思议。然而，的确如此。

很多非常成功的作家实际上面对着阅读、写作和拼写的读写困难挑战，然而，他们也学会了写出引人入胜的文章。很多当代作家都有明显的被清楚证实了的读写困难征兆，给人以深刻印象的有读写困难且成功的作者名单，包括如下名人：

· 普利策奖获得者，小说家，《独立纪念日》（*Independence Day*）的作者：理查德·福特（Richard Ford）。

· 畅销小说家，《盖普眼中的世界》（*The world According to Garp*）、《为欧文·米尼祈祷》（*A prayer for Owen Meany*）的作者，也是奥斯卡金像奖电影《总有骄阳》（*The Cider House Rules*）最佳编剧奖获得者：约翰·欧文（John Irving）。

· 两次奥斯卡金像奖电影《克莱默夫妇》（*Kramer vs. Kramer*）和《我心深处》（*Places in the Heart*）最佳编剧奖获得者：罗伯特·本顿（Robert Benton）。

· 畅销恐怖小说家文斯·弗林（Vince Flynn），在过去十年，他的小说已经销售超过了一千五百万本。

· 最畅销推理小说家，《头号疑犯》（*Prime Suspect*）的编剧，埃德加奖（Edgar Award）获得者：林达·拉·普朗特（Lynda La Plante）。

·畅销小说家雪洛琳·肯扬（Sherrilyn Kenyon），同时也用金利·麦奎格（Kinley MacGregor）的名字写作，她的小说销量已经超过三千万本。

我们不打算用这些杰出的有创造力的作家骄人的成就来鼓励和激励您。我们也没有暗示读写困难的处理模式对于创造性的写作是有帮助的，虽然我们相信这是真的。这里，我们仅聚焦在这些有才能的作家们本身，因为我们相信他们揭示了读写困难处理模式的一些重要的事情——不仅对于有读写困难的作家们，甚至对于很多从来没有写过东西的读写困难者，也是有启发意义的。这些作家通过作品表述了深刻的叙述推理特征以及许多读写困难者都具有的记忆模式。这种叙事推理就是MIND中的N优点。

N优点是用个人过去的经历碎片（即用情节或个人记忆）来建造一系列相连接的“心理场景”的能力。它能够被用来回忆过去、解释现在、模拟潜在将来或想象的场景，以及抓住概念和检验重要概念的正确性。

同时，很多读写困难者们可能并没有本能地将他们的想法归为“叙事”的类型，我们将给您展示很多读写困难者表现出的记忆和推理方式实际上就是丰富的叙事风格。我们也将给您展示许多令人吃惊的使用 N 优点的方式。

第十六章

N优点的优势

N优点从情节记忆或个人记忆里汲取它们的力量。为了了解情节记忆是怎样支持N优点的，让我们简单介绍一下，整体的记忆系统是怎样构建的。

记忆系统有两个主要的分支：短期记忆（Short term memory）和长期记忆（Long term memory）（见下图）。

短期记忆包含短期和工作记忆两种记忆，主要负责“牢记”您目前正在使用的信息。长期记忆储存信息以备您检索回溯和以后的使用。

我们这章将聚焦在长期记忆上，长期记忆也有两个分支：程序式记忆和陈述式记忆。程序式记忆抓住了“程序和规则”，以帮助我们记住怎样去做事情。陈述式记忆则储存“关于世界的事实”。

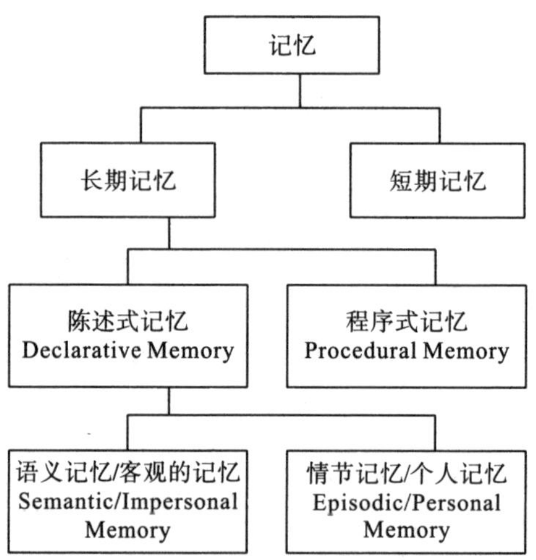

陈述式记忆能被进一步分成情节记忆和语义记忆。情节记忆（也被称作个人记忆）包含以模拟事件、情节或经历为形式的事实记忆。语义记忆则是将事实以抽象和客观的数据进行储存，分离了背景或经历。

很多关于这个世界的事情能够以情节记忆或者语义记忆被回忆起来。例如，“眼泪是咸的”能够被作为您已经经历过的情节回忆起来，或简单地作为您知道的一个事实而并不是您所经历过的情节。我们将聚焦在情节记忆，因为情节记忆构成N优点的基础，并且它是许多读写困难者储存事实和知识的优先方式。

理解情节记忆

情节记忆是心灵拥有的、有大量常备剧目的“剧院”。情节记忆不是作为完整的档案被储存在大脑中的某个部分——并不是像老电影被存放在一个影片库里。情节记忆的视觉、听觉、空间、语言、触觉和情感元素是被拆卸了的，然后被储存在遍及大脑的它们各自的加工区域里——就如放在一个仓库里的舞台道具。后来，当一个情节记忆被回忆起时，这些“道具”就被从仓库中检索出来并且被重新组装成一种形式，这种形式与起初的经历非常相似（或叫作“重演”）。

就如大多数的戏剧，情节记忆描述发生或经历过的东西，如事件、情节或评论。它们同时包含有传统的故事元素，如人物、情节和观察。这赋予了它们故事一样的特点。

把过去个人经历的片段，在内心重演的过程是一种非常强大的回忆事实的方式。我们通过具有极其丰富的情节记忆的小说家安妮·莱斯的回忆来管窥这种力量。安妮自传《从黑暗中呼唤》（*Called Out of Darkness*）里最引人注目的东西之一是她对童年的生动逼真和清晰的记忆。以描写她和她妈妈经常一起散步的一段为例：

“我们离开家……沿着种满橡树的大街走着，几乎总是和轰鸣着的慢慢驶过的有轨电车和隆隆作响的交通为伍，然后穿过马路到花园区……周围突然安静下来……我记得人行道就如同我记得树上蝉的歌声一样清楚；铺在人行道上的，是一些人字形的砖，非常黑并且不平整，常常被天鹅绒般的绿色苔藓装饰着……甚至罕见的生料水泥也是有趣的，因为这些在巨大的木兰和橡树根上的水泥已经被折断、变形并扣搭在一起。"

这个描述是如此的清楚——在环境和感官细节上是如此的丰富——它吸引读者们和她一起散步。然而，当安妮写这些时，距离所描述的情节已经有六十多年了。

就如这种强大的"重演"功能，回忆过去仅是情节记忆的许多功能之一。就像刘易斯·卡罗尔（Lewis Carrol）的《镜中缘》（*Through the Looking－Glass*）中的白皇后十分准确地观察到的："它是一种回溯的记忆。"情节记忆不仅帮助我们回忆过去，而且也帮助我们了解现在、预测和想象将来、在内心模拟计划的行动和发明、想象我们还没有看见的事件或虚构的事情、解决问题、操纵以及创作能够鼓励或教导其他人的故事。

为了帮助解释情节记忆的许多功能，我们和戴密斯·哈萨比斯博士（Dr. Demis Hassabis）进行了会谈，他是一位神经科学家，是这个前沿的和迅速发展的领域里的领军人物。在 2007 年，哈萨比斯博士和他的同事埃莉诺·马圭尔博士（Dr. Eleanor Maguire）联合发表了一篇描述情节记忆系统所具有的卓越多功能的开创性论文。这篇论文被极负盛誉的期刊《科学》（*Science*）评选为当年最重要的十大科学论文之一，这篇论文介绍了一个术语：场景建造（Scene construction）。场景建造被用来描述情节记忆发挥其很多功能的核心过程。

当我们和哈萨比斯博士在他位于伦敦的办公室交谈时，他这样解释了情节建造（Episodic construction）的过程："情节记忆通过您在生活经历中已经获得并被记住的元素，重建您先前已经经历过的东西。例如，您走过一个漂亮的花园或公园，您看见了美丽的玫瑰，您嗅到了玫瑰的花香：所有这些经历过的元素，成为您记忆中的成分。后来，当您想去回忆您的经历时，您以一种看上去熟悉的方式去重新组装这些成分。您可能会有一些细节上的出入，但只要总体上是正确的，那就能准确重建一个情节记忆。"

然后，当我们要求哈萨比斯博士解释情节记忆的一些附加功能时，他说："最近，我们发现使用场景建造去回忆过去仅是一个很大的系统中的小部分，我们称之为情节模拟（Episodic simulation）系统。因为情节模拟允许记忆被创造性地使用，所以，情节模拟是非常强大的。伴随着创造力，您将回忆过去的同类记忆元素组合起来，但是，并不是重建您之前已经历的一些事情。由于包含了前所未有的这些元素之间的联系，所以，您用新的方式将这些元素组合起来所构建的是一个完全新颖的整体。换句话说，创造力使用了您用来重建记忆的相同的构建过程，但是，因为这种构建生成了您以前绝没有经历的一些事情，所以，这种构建是有创造性的。过程是一样的，但是，结果却是全新的。”

这个创造性的重组系统能被用作为一种心理实验室去模拟在一定的起始条件或环境下，可能发生的事情。根据哈萨比斯博士所说：“情节模拟功能在很多领域都是非常有价值的，包括财务预测、设计计算机游戏并想象玩家将怎样行动，或考虑一个电影镜头和它可能怎样逐渐发展。”

鉴于情节模拟系统的多种用途，很多读写困难者表现出的对情节（Episodic）记忆而不是语义（Semantic）记忆的偏爱，意味着超越记忆去进行推理。具有显著N优点的读写困难者经常通过心理上模拟潜在的事件和行动，然后“观察”这些模拟怎样“发展下去”，而不是抽象地使用定义或剥离了背景的公式进行推理。这些模拟是建立在他们从现实经历中采集的信息上，而不是抽象的原理上。

基于场景的知识与抽象的、非语境知识的对比

我们发现，对大多数测试，绝大多数读写困难者都表现出偏爱情节记忆胜过语义记忆的倾向，而且在临床和现实生活中用不同的方式表现了出来。它呈现的一种方式是倾向于将概念和语言知识用以场景为基础的描写或例子来储存，而不是抽象的语言

定义。

作为我们测试环节的一部分，经常要求受试者去定义术语和概念。相比大多数受试者用抽象的字典定义来回答，有读写困难的受试者却经常用例子、插图、逸事、用途描述或物理特征来回答。例如，当我们要求读写困难者去定义单词“自行车”时，他们比非读写困难者更有可能用一个类比（例如“它像一个摩托车，但是要靠您自己让它跑起来”）或一个描述来回答（例如“它是一件有座位、两个轮子、龙头和脚踏板的东西，您可以用您的双脚推动脚踏板来让它向前移动”），而不是用一个抽象的定义（例如“它是一个靠人力驱动的、两轮交通设备”）。当我们要求读写困难者去定义一个固有的抽象概念，如“公平”时，也会发生同样的事情。读写困难者更喜欢用一个例子来回答（“就如当您玩一个游戏时，您一定是己所不欲，勿施于人的”），而不是用一个抽象的定义来回答（例如“它意味着每一个人都应该被同样对待”或“它意味着您得到了您应该得到的”）。这种对场景依赖的事实描述而不是抽象或无背景的定义，反映了对情节而不是语义记忆更大的依赖，很多和我们交谈过的年长的读写困难者证实了这种风格的确是他们思路的特点。

当我们请求这些年长的读写困难者告诉我们更多关于他们的思维模式时，他们经常也描述另外一个和情节记忆有关的特点。在他们考虑一个事实或概念时，他们通常发现这个概念并没有以一个单独的广义描述呈现在他们的头脑里面，而是以一系列明显的例子在脑海里“像卷轴般展开”。对一个概念是通过例子来了解的，主要是由最普遍和最有代表性的例子，同时也包含了极端的例子。对这种概念模式，杰克·劳斯给了我们一个特别好的解释。当我们和他交谈时，他提到他能比大多数人更容易地将同类的不同动物区分开来——例如，区别乌鸦和知更鸟。因此，我们问他，当提及“知更鸟”概念时，他脑海中突然出现的是什么？仅是一只理想化的知更鸟，还是不同知更鸟的系列？他毫不犹豫地回答说：“肯定是不同的知更鸟。我的脑子开始跳到我见过的所有知更鸟上，而不是一只单独的广义的知更鸟，或柏拉图理想式的知更鸟。”当他为他的《野外指南画册》画一只知更鸟时，他画了一只能完全呈现全部特征的颇具代表的知更鸟——但是，它是一只特别的具体的知更鸟，而不是一只概念上的知更鸟。换句话说，杰克是从一个情节记忆而不是语义记忆中画出这只知更鸟的。

当我们对哈萨比斯博士提及这些读写困难的记忆偏好时，他回答说：“这是非常有趣的，因为它和情节记忆和语义记忆两者之间一个重要的平衡有关。这两种记忆领域都是人们长久以来所关注的，这两种记忆都极大地依赖于海马体（就如我们以前提及过的，海马体在信息记忆和回忆上，起了一个重要的作用）。但是，有趣的是，这没有被广泛宣传，然而，它是一种最前沿的人们此刻正在思考的东西——如果您想成为非常擅长情节记忆的人，那么您就应该让您的海马体去参与一个叫作模式分离（Pattern separation）的过程。模式分离过程指的是：假如您经历了一些新的事情，虽然它与您已经经历过的其他事情十分相同，但是您想把它作为一个特别的事件去记住——例如，昨天的午餐和三天前相比，虽然，我和同样的一群人并在同一个地方一起吃午餐，而且也有很多相同的元素，但是，昨天的午餐毕竟不同于三天前的。海马体的功能之一是去分离和保持这些相同的记忆。

“相反，如果您擅长去学习别人已经总结好的并经过实践检验了的语义事实（例如，巴黎是法国首都这个事实），那么，您就并不真正在意您已经获得的具体的情节。您所关心的基本上仅是‘事实’。与那个事实的周围背景和信息片段并不相关。在那种情况下，您希望海马体去做一些被称为模式完善（Pattern completion）的其他事情。模式完善是一个整合不同事情的过程。所以，让我们假设，您在几个不同的课堂上都听见了同一件特别的事情，实际上，重要的是那个事实，而并不是您听到那个事实时的不同背景。所以，模式完善加固了您对在每一个场合都听见的那个事实的记忆，但是又去除掉了对任何不同背景的记录。

“现在，如果海马体对模式分离和模式完善都负有责任的话，那么也许您正看到的这些读写困难者有同样的大脑回路差异，导致他们成为读写困难者，并让他们更偏爱模式分离而不是模式完善。这就使得他们很擅长记住他们经历过的事情而且用情节记忆去牢记。这种模式分离的多样性也可能使得读写困难者在发现事物之间不寻常的关联上表现得比非读写困难者更好。”

上面最后一条观察是非常重要的，因为它关系到我们在第四部分中讨论的I优点。在那里，我们暗示了读写困难者的创造力可能会被提高，因为，他们有制造更大的广度、多样性和新颖关联的能力，而这种能力有加强感知要点和背景的倾向；另外读写困难大脑偏爱的模式分离也可能被用来制造新颖的连接。一句话，读写困难者可能具有双重认知特征，而这些认知特征提高了他们制造多样的和更具创造性连接的能力。

这些特征对产生强大叙事能力的思维是非常理想的。对一个故事作者来说，还有什么比以下能力更有用的呢：对源源不断的不同人物、经历和场景的处理能力；发现它们之间新的关联、联想、模式和细微差别的能力；通过寻求高阶上下文或要点，把它们合成为一个大故事的能力。

思维的故事：一个普遍的读写困难优点

这种极大的创造性的叙事思考模式常常展示了以故事的形式去思考和传递信息的倾向。我们首先在要求受试者描述被称为“偷曲奇饼的小偷”（“Cookie Thief ”）的一幅画的测试中，注意到了这种倾向。这幅画表现的是一位站在画的前面突出位置的女人，正用毛巾擦一个碟子并相当茫然地看向观画者。在她的左后方，水龙头没有被关上，而且水已经漫出水池，流到了地板上。在她的右边——明显地，她并不知道——一个小男孩正站在高脚凳上，努力伸手去拿放在柜橱顶层的一只曲奇饼罐，在高脚凳的旁边，一个女孩正伸手向上，热切地盼望得到一块曲奇饼。他们俩似乎都没有意识到，高脚凳正在倾斜，男孩几乎跌落。

大多数的观众认为画中的事件是相当的琐碎和难以置信——特别是这个女人的行为，她似乎与她周围的混乱绝缘——因此，他们并没有努力去将不同的事件调和成一个连贯的故事，反而只是简单地描述了这幅画最明显的特征。然而，随着时间的流逝，我们发现有一小部分观众愿意提出额外的细节去试着协调这幅画中表面上不相容的元素。大多数附加的细节都设计为，在画面的“前方”安排了一个人或一件物体（如父亲或一台电视机），分散了女人的注意力，从而让她忽略了水池和孩子们。提出这些画里附加元素的人，几乎全部都是读写困难者，他们提出的解决方案明显的是旨在查明要点，对画中行为提供一个连贯的解释。

我们也发现读写困难者更有可能使用传统的讲故事的技巧去描述这幅画。年轻的读写困难者，喜欢用这样的开头：“一天，在她洗这些碟子时……”或“从前……”但是，年纪大一些的读写困难者更有可能给人物取个名字、创造对话、赋予人物个性特征、带幽默感、有动机，以及编写个人和家庭的历史。我们已经发现，在所有的描述测试中，很多读写困难者都使用这种叙述手法，以及个人的或情节元素，并且，他们的描述常常含有如相似、隐喻、个性化或人格化，以及生动的感官意象元素。

这种对叙事推理的偏好也能在许多读写困难者的职业生活中被看到，他们以各种方式使用N优点。在创造性写作领域里，读写困难者们已经使用叙事才能取得了丰硕的成果，那么现在让我们看看除开创造性写作外，叙事技巧被较好运用的几个例子。

杜安·史密斯（Duane Smith）是洛杉矶山谷学院（Los Angeles Valley College）的演说教授和演讲队的负责人——由于读写困难相关的挑战，他曾从这所大学退学。就如他告诉我们的："我的一生就是故事并叙述着故事，我在演讲课上，强调讲故事的重要性，我们在辩论竞赛中，所做的一半工作都是去表演故事，但是，对于我来说，每一件事实际上都是故事。"在成为一名教授之前，杜安在销售上做得很成功，在那儿，他也发现了讲故事的才能可能是无价之宝。

当我们对杜安描述"情节记忆"时，他大笑着表示认可："如果我听到一首歌曲、嗅到一些东西、看到一件衣物或一辆特殊年份的汽车，我都能立即想象出在一个特别日子里的场景或事件。这让我的妻子快发疯了，因为我俩也许正在听收音机里的歌曲，我马上就能和她谈起，这首歌怎样使我回到了1985年，一个周六的晚上，和一群好朋友站在“In-N-Out”汉堡店（In-N-Out Burger）里，听这首歌曲的情景以及我们当时的谈话内容，我的妻子就会说：‘你就不能安静地欣赏一首歌曲吗?’”杜安告诉我们，他几乎不记得抽象的无背景的任何东西：“我能记住的唯一的东西是经历、例子和图表。”

法律教授戴维·舍恩布拉德（David Schoenbrod）回忆起在高中低年级时，他的英文老师告诉他的父母：“戴维有非语言的读写能力。”如今，他写的四本备受关注的环境法的书的读者将证明，那是一个他早就克服了的问题。戴维是怎么成为一名成功的诉讼律师的？他告诉我们：“对我来说，作为一名律师，我的强项就是特别能讲故事。早前，有个同事告诉我，我赢得案子是因为我讲了一个故事，使得法官愿意按照我的思路来判断。我总是感到，我擅长做这件事……我喜欢讲故事，那对我来说是轻而易举的事。”

企业家和认知心理学家道格拉斯·梅里尔（Douglas Merrill）把他在学校的生存办法和对数学技巧的掌握主要归功于他使用的叙事策略。“我总是考虑故事……我花了大量的时间（在青春期）去阅读和讲述故事，或玩有故事背景的幻想游戏，如《龙与地下城》(*Dungeons and Dragons*)。”

“我最后去了嘉信理财（Charles Schwab）工作，查尔斯（Charles，嘉信理财公司的创始人——译者注）也是读写困难者；

他在会议里总是闭目倾听其他人的发言，从不提前看讲稿，非常清楚的是，他正在做的所有事情就是倾听和思考。然后，他告诉大家客户们下一步想做什么。我发现他的这种方法是让人难以置信的轻松。”

离开 Google 之后，道格拉斯短暂地作为新音乐 EMI 唱片公司的董事长工作过一段时间。“我认为那个工业的问题之一是它并不了解它自己。所以，我花了大量的时间试图去弄明白在音乐工业里到底发生了什么。这样做的最直接的方式是利用数学，但是，我讨厌数学，所以，我就阅读经济文章和调查表，我还用黄色的标签做了笔记并把它们贴在墙上。当时每周都要再浏览一次那些标签并把它们从墙上拿掉，当然我的结局也是一个故事。”

总而言之，N 优点在使用个人过去经历去解决问题、解释、说服、谈判、咨询等任何工作或任务中都是有用的，或以某种方式形成或塑造自己或他人的观点时也是有效的。

第十七章

伴随N优点的缺点

N优点也伴随着很多缺点。从以下的评论中可以看到它最重要、最普遍的缺点："萨米从来记不得学校的任何事情。他忘记老师教了什么，是否有家庭作业或考试。在家里，当我们让他做一些事情时，他总是一个耳朵进，一个耳朵出。他的记忆差得可怕的。但很奇怪的是，萨米是我们的家庭历史学家。他能记住我们在每一个假期做过什么；他兄弟五年前的生日聚会上，谁给了什么礼物；他班上每一个同学的宠物种类。但是，为什么他能记住所有那些东西而不能记住他的乘法表或每个州首府的名字呢?"

似乎矛盾的"记忆力差的家庭历史学家"的形容来自无数的家庭。这让您更容易地去理解，我们在上一章开始时介绍的不同种类的记忆。

所有的人，无论是否是读写困难者，在情节、语义、程序式记忆里都表现出了他们自己特有的长处和短处的共存，这种共存极大地影响了他们的学习和记忆模式。就像萨米，很多读写困难者有比语义记忆强得多的情节记忆，以及相对弱的程序式记忆（已在第三章中讨论过）。有这种记忆模式的读写困难者非常擅长记住他们已经做过或经历过的事情，也经常能记住故事或者他们听到的嵌在叙事背景中的信息。但是他们不太容易记住“没有上下文语义的事实”或抽象的、客观的以及缺乏背景的事实。

安妮·莱斯是有这种记忆模式的一个典型例子。就如我们在早前提到的，安妮能记住她经历过的事情的情节和个人细节。然而，对抽象和客观事实，她的记忆并不好。她告诉过我们：“我根本不做抽象思考。每一件伴随我的事情都是影像和故事。我完全记不住数字并导致很大的错误，有时，在价格或数量上，居然会产生相差一倍的误差，因为，我对它们的记忆是模糊的。”

重要的是要识别出那些有叙事处理风格和情节记忆风格的读写困难学生们，因为他们的N优点能提供打开他们学习潜能的钥匙。这对于他们选择学习方式和信息表达方式都是有效的。

当介绍一个新信息时，如果能有些背景的例子和描写叙述来支持抽象的定义，那么，表现出强烈情节记忆偏好和叙事处理风格的读写困难学生们会理解得更好。当信息被嵌在一段学生们认为有意义和熟悉的上下文中时，而且还包含了经验、案例、范例、故事或个人经历（包括幽默、参与、新奇和“陌生”）时，许多读写困难的学生将会学得更快并能记得更久。

以下是来自一位读写困难儿童妈妈的经验，也加强了以上这些要点。她告诉我们，她自己总是擅长记住事实、定义和公式，而她有读写困难的丈夫总是在这些方面受困。在大学，她是荣誉学生，而她的丈夫却是勉强毕业。所以，她自然而然地认为她自己应该是他们有读写困难的儿子更好的老师。当她发现她的丈夫，在含有很多概念的科目，如历史、社会研究和科学上，对他的儿子而言，是一名有效得多的老师时，她感到非常吃惊。最终，她认识到，这是由于她丈夫几乎全部使用范例、案例和类比来进行教学，而她总是尝试“将事实从课本中裁剪出来”，仅将光秃秃的最精华的“简单事实”教给儿子，所以，儿子能记住的东西更少。但是，使他们儿子感到困难的不是信息量，而是信息的形式。他能够掌握被写进一个有意义的故事或上下文中的事实，但是，却会迅速地忘记缺乏背景或意义的事实。这是读写困难学生们的共性。

有叙事推理风格的读写困难学生，在试图表达他们的想法时，也面临着重要的挑战。因为他们的概念知识常常是存储在案例、图片或故事里，而不是在抽象的原理或定义中，在考试或作业时，甚或在课堂的口头问答中，当被要求去陈述相关抽象或一般的原则时，他们可能会以故事或例子的形式来回答。因此，他们的答案就表现得松散和无组织。他们似乎是在“间接谈论”他们的回答，并表现出对“说到要点上”的困难。道格拉斯·梅里尔分享了一个相同的例子。

“当我在研究生院参加资格考试时，有一个问题是关于认知发展的。我本应该以皮亚杰（Piaget）开始，经过埃里克松（Erikson），最后到当代认知问题的解决。我了解所有重要的概念，但是，我记不住所有的小细节，所以，我写了一个关于他们两人不同发展道路的故事，并包括了所有的重要概念。但是，他们没有让我通过资格考试，因为，我没有给出他们想要的答案。”

就如我们先前提及的，倾向于以例子或故事而不是抽象的定义来思考的方法，能导致读写困难者们在标准化考试中丢分，也许尤其是 IQ 测试中的词汇测试部分。

学校和考试很重视抽象事实和原理，似乎这些才能被“算作”知识的形式。他们假定，如果学生不能记住或依样重复最纯和最无背景的事实，那么学生就没能真正掌握这些知识。相对于抽象定义是重要的和有用的而言，我们也绝不能低估藏在经验、故事、案例或范例里面的知识。这种基于案例的知识本身就极富价值，并且对于许多读写困难的学生来说，它比抽象信息更容易被掌握。

具有强大的叙事推理或基于案例推理风格的人们，经常表现出与具有更多抽象或语义推理风格的人们不同的认知发展轨迹。

认识到这一点，也是非常重要的。他们的概念知识的增长尤其如此。在年轻的时候，他们将概念作为案例和范例储存起来，把概念具体化，因为他们没有什么案例和经验可用来推理，所以，当被要求去思考一个广泛意义上的概念时，他们似乎过度地“黏附在”具体的案例上。早期，这样的孩子比他们的同龄人在概括知识时，常常遇到更多的困难。所幸的是，随着经验的增长，他们思维的深度、广度和熟练度也都随之而增加。事实上，一旦他们积累起了更广泛的经验，而且又因为他们的概念包含了各种各样的案例而不是单一的广义原则，那么，这也使得他们在完整描述事实时，不太可能得出错误的抽象结论和总结。

因为对具有显著 N 优点的读写困难者来说，讲故事是他们的天赋，所以，让他们明白叙事方式的准确有效是至关重要的。我们写这本书的目的之一就是纠正普罗大众所认为的，读写困难是主要的甚至是完全的功能障碍的错误观点。我们在生活当中读到的读写困难的“故事”，不是悲剧，而是一个个充满希望、机会和光明前途的激动人心的故事。

第十八章

N 优点的表现

让我们把注意力转向现实中的 N 优点。

布莱克·查尔顿（Blake Charlton）是读到一年级一半时，被诊断出有读写困难的。尽管酷爱听故事和讲故事，但是，他的阅读和写作能力没有一点进步，而且他还受困于简单的算术。

布莱克在一个特殊教育班读了两年，在那里，他开始有进步了。他很愉快地感受到，他是班上“聪明的孩子”并且令他非常开心的是，他终于能试着写故事了。

到四年级时，布莱克的进步已经足以使他成为主流学生而回到正常的班级去上课了。但是，在正常班级里，他又从一个“聪明的孩子”变成了“班上的差生”，使他的成就感迅速地消失了。他仅在体育课和戏剧课能有好的表现——获得了同班同学的钦佩和赞扬——允许他去保持一个正面的自我形象和克服学习上遇到的挫折的决心。

在中学里，想成为一名好学生的决心帮助布莱克提升了他的阅读速度以及学习节奏——他主要阅读的书是能抓住他想象力的幻想小说。但是，布莱克继续在写作和数学上犯着“愚蠢”的错误，这拉低了他这两门课的分数。

自从有了计算器和拼写检查器的帮助后，布莱克的学习成绩出现了飞跃。他的分数和他的自尊一样，嗖嗖往上涨。“突然，我又再次不知所措了!”他很享受他的聪明才智能被认可，并开始设立更大的目标。在大学入学考试中，布莱克考得很好，因此，他被耶鲁大学（Yale University）录取了。

虽然，布莱克一直都很喜欢耶鲁大学，但是，大学生活也是他的一段可怕的记忆。他是如此焦虑，怕读写困难给他带来失败，以至于他把“每一天醒着的时刻”都用在了学习上。所幸，布莱克收到了来自耶鲁残疾资源办公室的宝贵援助。工作人员为他争取到在课内作业中使用键盘输入的福利、更多的考试时间，以及在课外修改作业、制订计划和时间安排上的帮助。

因为一直以来的梦想是成为一名医生，布莱克开始去修一些科学课程，并发现了学习化学的特别技巧。他的有机化学学得很好，因为有机化学非常强调三维空间推理，在这门非常难而且竞争激烈的课上，他拿到了高分。无机化学也学得不错，虽然他的机械记忆不好，但是，他通过创造化学元素周期表的幻想故事，去记忆有关事实。他赋予化学元素个性，编写有关故事来帮助他记住它们的“特性”以及在表中行和列的位置。对其他课程，布莱克也使用同样的基于故事的记忆技巧。布莱克告诉我们，有生以来，这些成功使他第一次真正感受到了什么是“富有智慧的天才”。

作为一个化学专业的学生，布莱克对故事的热爱是那么的强烈。他把英文作为他的专业，他坚持努力改善的写作技能也开始大见成效。事实上，在耶鲁时，他两次获得写作奖。

2002 年毕业以后，他成为英语老师、学习障碍顾问和足球教练。之后，他回到家里去照顾得癌症的父亲。在寥寥无几的空闲时间里，他总是笔耕不止，布莱克写了一些他一生都梦想的想象世界的故事，同时，继续着他要成为医生的梦想。

终于，在 2007 年，布莱克进入了斯坦福医学院（Stanford Medical School)，同时，他也和一个出版幻想小说的出版社签署了三本书的出版合同。在 2010 年，他出版了第一本小说《咒术师》(*Spellwright*)，它讲述的是一个有读写困难的见习巫师必须解开他自己“拼写错误”之谜的故事——只有“破坏”才能处理基于文本的拼写错误。那绝对是一个令人惊心动魄的善良战胜邪恶的故事，布莱克创造的魔法阐述系统有惊人的创造性。

当我们和布莱克交谈时，他在医学院第二和第三年之间的假期中，教一年级医科学生们的创造性写作课程（为了鼓励他们在临床医疗中使用叙事推理），并发表了一篇和医疗相关的文学叙事分析文章——托尔斯泰的故事《伊万·里奇之死》（*Tolstoy's stoy*：*The Death of Ivan Ilyich*）。在谈话中，布莱克告诉我们，他发现在面对医学院头两年海量的需要记忆的东西时，基于叙事基础的记忆技巧是多么的有用。他甚至分享了几个他用来帮助记忆动脉和神经分支的故事。叙事推理在他的生活中，明显仍然是一个主题。

在“空闲时间”，布莱克也完成了他计划的三部曲里的第二部小说《受咒人》（*Spellbound*）。就如第一部一样，它将布莱克的经历、读写困难和他创造的非凡魔法系统合成在了一起。当然，我们不应该对某个人知道一点关于魔法的事就感到吃惊，因为这个人还能够把他自己从一个接受特殊教育的学生变成一名获得“美国大学优等生”（Phi Beta Kappa）称号的耶鲁大学的荣誉毕业生。

第十九章

N优点的关键点

叙事推理在许多读写困难者的思维中起了一个关键的作用。以下是需要记住的N优点的关键点：

· 很多读写困难者对事件和经历的情节（或个人）记忆很强，语义（抽象或客观事实）记忆式及程序式记忆却很弱。

· 情节记忆有一个强大的叙事或"基于情景"的格式，概念和想法以叙事的方式被构思或回忆，而不是无背景的抽象定义。

· 情节构造系统不仅能够用所储存的经历碎片去重建和记住过去，而且能够使用它们去想象将来，并且能解决问题、能测试发明和计划的合理性，或创造想象中的场景和故事。

· 情节构造和创造力能被紧密地联系在一起。

· 依靠情节或叙事概念的人，一般是使用范例和图表而不是使用抽象概念或定义进行推理、记忆和学习。

• 很多读写困难者通过使用记忆策略或故事，把抽象信息变换成叙事或基于案例的信息，就能更好地学习和记忆。

• 虽然许多读写困难者在正式的学术写作或阅读中有困难，但是他们很喜欢（和擅长）创造性写作，因此，老师们应该在读写困难的学生中，仔细地去捕获叙事能力的迹象，通过提供恰当的教学指导和便利，来帮助这些有才能的读写困难学生去增进他们的能力。

• 叙事的方法并不仅是有利于创造性写作，也适用于所有的职业和教育考试。

让我们仔细观察一位刚开始写作生涯就引人瞩目的、有读写困难的年轻作家。这位十一岁的女孩从英格兰来见我们。当我们问到是否能分享她的作品时，她欣然同意，但是要求我们叫她的笔名潘妮·斯威夫坦（de plume Penny Swiftan），以下节选自我们见面前，她才编写的一段故事：

“此刻，星星闪耀着光芒，这位女士惊奇地睁大了眼睛，对她面前的景象充满了好奇。这块空地被指顶花、橡树和桦树所环绕。指顶花就像是轻盈的、头戴紫色花冠的少女们伫立着，修长的手臂伸向布满繁星的天空。橡树是国王，而指顶花是他们的女儿们。”

请注意在这段描述中呈现出来的，精彩的类比运用、丰富的感官细节和美好的万物有灵的想象力。也请注意在主句和关系从句中明显的简单清晰的“主语—动词—宾语”结构。当读写困难者学习去更好地写作时，这种清楚的、直接的、想象力丰富的写作风格常常使他们的作品极具特性。这种清新结构的写作风格，明显地相同于安妮·莱斯，也显示出潘妮极大的文学潜能。

如果您像大多数人包括许多老师一样，您可能会很好奇一个有严重读写困难挑战的孩子是怎样写出这段文字的。部分原因是她在写作中，使用了带有拼写检查功能的单词处理器。为了给您展示这种技术对潘妮（和很多有读写困难的其他孩子）是多么的重要，请看她的手书段落（见下图）。在这个段落中，潘妮写的是她喜欢的游戏。注意，她全部用大写字母来书写是为了消除反转错误。由于她的部分手书阅读起来很困难，我们把这段“翻译”出来，但是仍然保留了拼写错误：

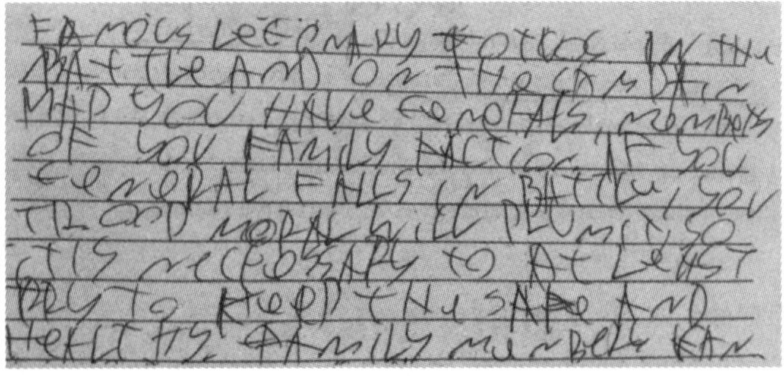

…FAMOUS LEGENARY TOTUOUS（应为“tortoise”）。IN THE BATTLE AND ON THE CAMPAIN MAP YOU HAVE GENERALS, MEMBERS OF YOU FAMILY FACTION. IF YOU GENERAL FALLS IN BATTLE, YOU TROOP MORAL WILL PLUMIT, SO IT IS NECESSARY TO AT LEAST TRY TO KEEP THE SAFE AND HEALTHY. FAMILY MEMBERS CAN…

对大多说老师来说，面对这样的手书，的确很难感受到隐藏于背后的能给人印象深刻的文学才能。然而，注意到这一点又是非常重要的，因为在读写困难学生中，N优点是非常普遍的，并且，以我们的经验，这个世界存在着超乎人们想象的许许多多的潘妮们、安妮·莱斯们和布莱克·查尔顿们。伴随着适当的支持和必要的福利，以及策略的运用，有强大N优点的读写困难者们，无论是作为作家或其他能利用叙事推理优势的职业，现在比过去更有可能激发出他们全部的潜能。

6

D优点

动态推理（Dynamic Reasoning）

第二十章

MIND 中的“D”优点

当莎拉·安德鲁斯（Sarah Andrews）还是一个在学校奋斗的孩子时，她的妈妈把她叫作“我的小后进生”。您将看到，在很长一段时间里，人们都这么称呼莎拉。

像很多读写困难者，莎拉也是所谓的大器晚成者。莎拉的“盛开”过程不像花蕾逐渐展开成为花朵的过程，而更像一个毛毛虫令人吃惊地变为一只蝴蝶而获得新生的过程。

莎拉诞生在一个知识分子家庭，父母都是老师，兄弟姐妹们都是模范学生。但是，只有她和很多学习技能做着斗争，包括拼写、数学计算和步骤（当被要求“写出计算步骤时”）以及各种机械记忆。但是，她最大的挑战是在学习如何阅读上。她向我们描述了一些早期的阅读问题：“字母和印刷体在纸上跳动，我只看见纸里面的木浆纤维。我把下巴放在纸上，老师就在我下巴下面放一把尺子，好让我的头离纸远一点。”

由于这些困难，莎拉到了三四年级才达到一年级的阅读要求。（直到现在，她的阅读还是令人痛苦地缓慢）为了理解每个句子的意思，她都不得不重复读好几遍，她集中不了注意力，因为她觉得每个单词“都掀起思想和联系的波涛”，而这些都是她必须去进行“筛选和理解的”。

莎拉回忆起她早年的校园生活：“我吸收海量的信息并开始将它们分类、分组和整理，但是却没有任何结果，没有一点成绩。”莎拉的妈妈恰好是莎拉所在的私立学校的英文老师，决定对她进行单独辅导。因此，她培训莎拉的写作，特别是写文章。令双方都高兴的是，莎拉发现（就像安妮·莱斯）“写作比阅读更容易”。

不幸的是，莎拉的阅读一直都是个问题。在高中时，她仍然“读不懂”。她最终参加了SAT考试。虽然她在学校的分数“还可以”，但是，她的SAT分数是如此的糟糕以至于她的老师们都感到吃惊。莎拉回忆说：“某个老师还问我，是否漏做了试题……我说‘我只做了一半的考题’。”她糟糕的考试表现缘于她缓慢的阅读速度。

因为莎拉能通过所有的语音测试但是不能流利地阅读或记住她所读的内容，所以，她被安排去了阅读治疗所。阅读老师不恰当地告诉她："你没有读写困难。你就是懒。"尽管这个诊断是错误的，但莎拉还是非常勤奋地努力着，所以她极大提高了阅读速度，以至于重考 SAT 时，她不仅能做完考题而且还将分数提高一倍。虽然有了这些进步，但是，莎拉仍然没有达到高中毕业的阅读水平。按她自己的话来说，她是"一个阅读水平在八年级的聪明的高中学生"。

高中毕业后，莎拉拒绝了两所顶尖艺术学校的录取，而选择入读科罗拉多学院（Colorado College）。首先，她不知道自己想学什么；其次，像很多读写困难大学生一样，她的头两年一直和必修课做着斗争。她选了一门诗歌课，来满足对英语的要求，主要是她认为，这门课不需要太多的阅读——然后，她得到了学习生涯中第一个也是唯一的一个"F"。为了弥补这些不合格的学分，她又选了创造性写作课。让她感到高兴和吃惊的是，她发现自己不仅很享受写小说，而且还有讲故事的天赋。虽然，她不能使故事"延续"超过三页或四页纸，但是，老师称赞她的故事为优秀的微缩模型。当时，莎拉并没有认识到这一点，然而，这项新技能却在她的生命中扮演了一个重要的角色。

当莎拉上必修的科学课时，另一个改变她生活的事情也浮现出来。她几乎是一时兴起去选了地质课，因为，她家族里唯一的一位科学家是她的阿姨丽斯贝丝（Lysbeth），她是一位地质学家，也是读写困难者。

莎拉马上就认识到，在地质课上，她发现了“这正好是我思想的游乐场……老师们能够察觉到我所拥有的才能，我能够从地图和图表中学习而不是通过不可逾越的文字来学习。第一次，我成为有同样思维的人们簇拥的中心，我并没有像个怪人一样一直被冷落”。

莎拉高兴地发现她的这些才能在同学中也是杰出的，“我是最好的地图解说员——我能够迅速地接受全面的图形信息、了解图案、明白它们的意思并解释它们。课堂上的一些东西对我来说是一种新的体验，因此，我坚持了下来”。就如她说的，来自早前“懒惰”和“后进生”标签的自我否定开始消失了。“到那时为止，我才意识到，事实上，我不懒，我获得了地质专业的学士和硕士学位。”

莎拉的第一份工作是在“美国地质勘测”（U. S. Geological Survey）做一名研究科学家。为了确定气体和液体是怎样从由沙丘形成的史前岩石中被移动出来的，她被分配去研究相同的现代沙丘。在工作中，莎拉发现她特别擅长将实体三维形象化，并能想象如何随着时间的推移在这些实体上起作用的过程。这些才能使她特别善于探测现代和古代岩石之间的类似之处，以及预测被埋的岩石信息的结构和行为。

离开“美国地质勘测”之后，莎拉作为一名开发地质学家（专门寻找地下已知油田的移动方法的地质学家）在几家石油和天然气公司工作。莎拉的任务是从已钻好的井中，通过预测被岩石包围的石油和天然气会怎样移动，从而改善石油和天然气的开采方法。在这儿，她的空间表象力和读图能力也被证明是无价之宝。莎拉发现她特别擅长读“电缆测井”——它是一个井周围的岩石和液体的物理特性的可视读数，具有巨大帮助，但很复杂，令人困惑。但她能迅速地明白这些“在一页纸上的潦草字迹”（类似于神经学家们用来分析大脑活动的脑电图）是怎样能够预测周围岩石和流体的性能。莎拉发现她能把这些抽象的潦草字迹变换成大脑中的三维图像：“我能在时空里设想石油将怎样通过岩石流动，甚至当它还是破碎散落的时候。”

很明显，莎拉发现了一个似乎为她大脑量身打造的职业。地质学极大地发挥了她的优势，并极大地规避了她的劣势，用一连串引人入胜的谜题去吸引她的才智。

我们在本章开头提出的问题是：是什么优势使得莎拉如此完美地胜任了在地质领域的工作？

动态推理：预测的力量

不可否认，莎拉的“地质推理”能力有一部分归因于她非凡的 M 优点。她强大的三维意象系统允许她在脑海里想象和操作彩色的、栩栩如生的意象，对于读取地图、航行以及记住三维环境有令人难以置信的作用。

然而，如果近距离全方位地来观察莎拉作为一名地质学家使用的推理才能的话，我们就能发现它们并不完全仅限于空间意象。相比只是使用单独的空间原理去简单地想象和操作空间图像而言，地质推理要求得更多。它要求想象和预测这些图像随过程变化的能力，这些过程并不是全部都具有空间特性，如腐蚀、地震、沉淀和结冰。这些过程涉及复杂的、动态的以及可变因素的混合，它们也经常遭受更大的变化过程，如气候变化或板块构造。

我们称这些需要去好好思考的，有关如此复杂的、变化的、和动态系统的推理技能为动态推理（Dynamic reasoning）或在MIND中的D优点。

D优点使用情景模拟创造了能够准确预测过去和将来状态的能力。D优点对于考虑过去和将来的状态有特别的价值，并且这些状态的组成部分是变化的、不完全可知的或模棱两可的。D优点对制造实际的或“最合适的”场景也有特别的价值，这些场景是通过预测和假设不可能得到精确答案的场景。

有一种观点认为，D优点可以看作是N优点的一个子集：D优点主要建立在情景模拟上，这正是N优点的一个成分。然而，D优点在应用中是足够重要、足够复杂和足够独特的，我们相

信，它们值得在MIND优势中独立占有一席之地。

N优点和D优点之间关键的差别是创造力和创造性预测之间的区别。就如我们在十六章中所描述的，N优点包括所有情景建造系统的功能，每一个功能都是通过合成过去经历的元素去构建逼真的故事或“景象”来工作的。这些景象可以“重演”过去的真实经历——我们将之称为情节记忆——或者它们可以将过去的个人经历以全新的方式重新合成为创造性模拟或想象的作品。然而当这些创造性构建的目的在于预测将来事件，重建我们没有目睹的过去事件或解决新问题时，我们说它们就包含了D优点。当情节模拟系统被用来去重新合成记忆元素，是去娱乐、说服、画一幅引人注目的图片或形成有吸引力的愿景——而不是去预测或重建真实的事件或条件时——我们把这些行动当作N优点而不是D优点。

D优点不是一般的或无约束方式的简单创造。预测的目的——模拟过去确实存在的，一直存在的或将要存在的世界。D优点使用情节模拟去构建真实的故事，它们是最具真实性的N优点。N优点可以简单地以引人入胜为目的，而D优点则必须是准确无误的。

让我们通过看莎拉在她的两个非常不同，然而惊人相似的职业里，是怎样使用D优点和N优点的，来比较D优点和N优点之间的相同和不同。

第二十一章

D优点的优势

在第一次和莎拉交谈时，她很快就告诉我们："我会把每一件事情都当成故事告诉你们，因为，这是我体验这个世界的方式。"随后的谈话，证实了她所说的。

这并不让人吃惊，因为莎拉有很强的叙事记忆和推理方式，就如我们在第五部分中讨论的一样，很多读写困难者也是这样的，莎拉展示了很多和他们一样的共同特性。例如，莎拉是一个典型的"记忆不好的家庭历史学家"。就像她告诉我们的，"当我的表兄弟姐妹们想知道何时何地发生过什么事情的时候，他们都跑来问我"。莎拉也和机械记忆做着斗争，对这种模式的读写困难者来说，也是很普遍的，"我完全没有机械记忆。我能记住的仅是它们刚好适合一种构造的东西"。这里所指的构造就是故事，

“我所能记住的是故事，它们紧粘在我的记忆里”。

事实上，对莎拉来说，叙事比推理方式更多，作家是她的第二职业。莎拉·安德鲁斯是十本备受推崇的推理小说的作者，这些小说描写了专业的地质学家和业余侦探爱好者爱蒙·汉森（Em Hansen）的故事。爱蒙运用她作为地质学家的才能——她惊人的情节模拟能力——去解决谜题。

但是，爱蒙解决的第一个问题也是莎拉的问题之一。莎拉告诉我们：“当我30岁，在工作压力很高的石油贸易公司工作时，如果我目睹了一件带有强烈故事情节的事情，那么，我就很难集中精力去做我的地质工作了。但是，我发现，如果我把故事或趣闻写下来，我就能把它们从脑海里挤压出去，通过写作才能让我把精力集中在工作上。”

莎拉叙述了她用来构造故事的心智模式，它接近我们所说的情节构造：“随着时间的流逝，收集起来的趣闻就像棉线一样堆放在我的脑海里，我把它织成布，为了解决压力和困难，这些碎布需要被重新安排……在（这些碎布形成）拼凑起来的回忆里面，我把不同的事件采摘出来，重新组织成新的事件。”

莎拉很快就意识到，她能将这些“拼凑”转化成小说，她需要解决如何向大众解释地质学者的工作以及他们是怎样思考的。但是，在这样做之前，她必须先向她自己解释清楚这些事情。这些准备需要两年的反思，但是，这是值得努力去做的，因为能使莎拉用读者能理解的方式去全面描述地质学的复杂性，也能产生关于“地质推理”的许多深刻见解——这些都写进了莎拉的几篇精彩的文章中。其中之一涉及了地质学的叙事本质。虽然，地质学研究的岩石和矿物最初似乎是“无叙事性的”和“客观的”，但是，莎拉坚持认为，地质学的点点滴滴都书写着神秘，因为如果我们调对频道，就能听见岩石诉说的故事。

并不是莎拉一人持有这个观点。杰克·霍纳（Jack Horner），我们在十一章中遇见过的，世界知名的古生物学家（读写困难者）也认可了地质学的叙事元素，并被描述在他的书《大天空下的恐龙》（*Dinosaurs under the Big Sky*）中：“对于一名恐龙古生物学者来说，地质学是应该被知道的最重要的一门科学，因为我们在岩石中发现了恐龙的骨骼。地质学的知识帮助我们去了解——到哪里去看、看什么以及这些化石有多古老。地质信息是重要的，因为它帮助古生物学者弄明白在动物身上发生了什么、是什么杀死了这些动物、它们的遗体在死后发生了什么。地质学用岩石告诉我们这些故事。”

地质学上的叙事结构和写小说不同，主要是事实对构建过程的限制。相比一个小说家寻求去构建一个有趣的和引人入胜的情景，类似于特定假设条件下可能发生的事情而言——就如莎拉告诉我们的，“听起来像真的”的一个情景——地质学家却是努力地使用能找到的事实，去精确预测地球的过去和将来，实际上是或将是的样子。这种需要对构建的情景准确预测的要求把N优点和D优点区别开来了。

动态推理：怎样成为先知

情节模拟在地质推理中所起的作用，在莎拉对岩石信息研究的描述里，可见一斑："我接受我所观察到的一切，并按时间顺序回溯，看见了沙子在成为岩石之前已经开始沉淀的景象。"以上描述反映了我们已经讨论过的情节构造的几个特征。"接受一切"意味着通过观察形成了记忆，所以，这些记忆组分后来能被用作情节构建。"按时间顺序回溯"意思是通过情节模拟，把记忆碎片合成为"预测"与过去相像的心理景象。换句话说，莎拉的地质推理，通过重新合成个人对目前景象的观察记忆，来建造过去景象的心理图像，而不是应用抽象原理或语言或数学模型，以一个逻辑按次序的逐步的方法来进行推理。

莎拉在写给像她一样思考的人们的信中进一步谈到了构建的过程："对于被观测到的模式，我们是巨大的海绵。视觉观察到的具体模式以及过程和回应的更抽象的模式被重复成了景象，我们能使用仅有的碎片，通过坚固的岩石，回溯过去的事件，展望将来的事件。"

按照莎拉所说，构建过程甚至能将被观测到的模式的"仅有的碎片”合成起来——无论实体的模式如岩石或沙丘，或影响这些实体的过程如风或洪水——去建造含有古老的过去，未被观察到的现在，或可以被模拟的遥远的将来的心理景象。重要地，这个构建过程不是被限制去建设过去或将来某一点的“静态的”或“快照的”场景，而是去创造一个连续的相互连接的系列场景，允许观察者以很像“延时拍摄”的形式穿越时空看见这些系列场景。

去创造一个连续系列场景的能力对于想象和预测很长一段时间里发生的过程带来的影响，如腐蚀、洪水或地壳沿断层线的运动，都有特别的价值。每一个过程都是按照它自己特有的速度或沿着它自己的“时间维度”发生着。情节模拟对于思考这些过程是有价值的，因为它能被用来预测这些过程的综合影响而没有丢失任何一个施加其上的视点。它允许地质学家通过独立的改变这些过程、改变速度或影响的程度去进行“心理实验”。那就是为什么，情节模拟在复杂的领域是“阅读故事”的理想工具，也是产生假设的理想工具、评估解决方案或计划的理想工具，或预测不同行动的可能结果的理想工具。

莎拉在以下的陈述中指出了为什么情节模拟在正在变化中的、不确定的或模棱两可的情况下特别有价值：“通过定性，我们不必假设，就能在心理上弥合差距。因此，处理不确定性就成为可能，而不是简单地无视它们。”

莎拉所指“定性工作”的意思是在工作中使用和原始观测形式相似的数据。这些数据是由原始观测中获取的记忆碎片组成，并能以和原始观测同样的形式来构建模拟过去、现在或将来的场景。

通过和情节模拟的替代物：抽象推理相比较，我们就能明白为什么这种“定性的”基于情节模拟的方法是如此的强大。抽象推理使用语言的、数学的或符号的抽象概念，而不是情节记忆碎片。这些抽象概念通过把原始观测合成和转换为在形式上不同于那些所观测到的归纳总结而创造出来的。这些抽象概念去除了上下文背景的事实，并以语义记忆的方式储存起来。这些抽象归纳对于日常或典型情况的推理常常是有用的，但是，对于不一般的、出乎预料的或前所未有的情况是无用的。在例外的情况下，有用性的丢失是因为创建归纳的过程意味着数据必须要达到平均值，这就导致了来自例外情况的信息被更多典型的结果有效地稀释掉了。

我们用几个更好地反映差别的例子来强调使用更多“主要的”或“分别的”数据的一些好处。首先考虑有 30 名球员的一支棒球队，该队的击球率可以通过合成全部队员的个人打击率来计算得到。如果这个队的打击率是 0.250，或每四个打数中有一个击中。现在，大多数的队员获得的打击率都接近 0.250。但是，有些技术差的击手可能打击率只有 0.100 左右，而有些优秀队员则可能有接近 0.350 的打击率。如果我们想预测整个队将来的表现，那么可以预见这个队的打击率还好。击球手的平均成功率也还好。但是，这种归纳平均却不能预测到最好和最差击手的表现。但如果我们能够通过使用他们过去个人的行为就能更精确地预测这些“边界者们”的表现了——也就是，通过把数据保持在能更好地反映原始事件的形式中，就不会稀释这些带有更典型数据的特殊案例的信息。

这是第二个例子，也证实了定性推理在新的或前所未有的情况下，是更好的。假设，我们想预测某个击球手在遇到他或她以前从来没有遇到过的投手时的表现。那个击球手的总体平均成功率——合成了抗击所有投手时的结果——将没有什么用处，还不如考虑该击球手是怎样对抗和新投手有相同风格的投手们的。这种投手和投手的比较完全是莎拉所描述的“定性的”推理过程，它提供了抽象归纳不能提供的信息。

这些例子帮助说明了一些D优点所具有的，在重要信息变化时、未全部已知时或模糊不清的情况下，能够处理和做出预测的优势（如情节模拟和定性推理）。通过使用存在于现实的观测到的“原始数据”来建立心理场景，而不是使用语言或数字的抽象信息。这样，对于难以理解的、不同寻常的或没必要去“承担”歧义的前所未有的含糊问题，我们就能得到实用的，最合适的解决方案。这个“使用最合适的”而不是完全依赖抽象分析或二手模型的过程，对于解决实际问题是极其强大的。

第二十二章

伴随D优点的缺点

动态情况下，能提供巨大优势的D优点，在其他环境下，却带来了不足。最大的缺点之一是降低了速度和效率。

迄今为止，我们已经谈到了动态和叙事推理，似乎它们都是很积极的过程，使用它们，人们能任意构建、搜索、分类和模拟。然而，实际情况中，却经常不是这样的。

当我们邀请对动态或叙事推理有很大依赖的读写困难者描写他们的推理方式时，很明显，太多的描述是以倒叙的方式来进行的。首先呈现的是答案，这之后，要有一个有意识的追问过程，他们才能将初始条件和答案联系起来。道格拉斯·梅里尔对他解决问题方法的描述就是一个典型：“一般在开始时，通过设想我所预计的最后一步应该是什么样的，然后，我再倒回去想。我不能准确地描述我所做的，因为这种描述相比传统的讲故事或演绎，更是凭直觉获得的。”

莎拉·安德鲁斯（Sarah Andrews）在写自己和像她一样的人时，回应了这种描述：“假设有一个问题，并要求一个小时去解决，典型地，我们花头三分钟用直觉去想答案，然后，花另外五十七分钟去回溯试探……用数据收集和演绎逻辑去检查我们的结果。”根据莎拉所说，这种直觉方法“有跳跃功能而不是通过整齐的齿轮间隔”，而且“反复或循环思维比线性思维要多”。

在擅长动态和叙事推理的读写困难者中，这种直觉的方法被使用得非常频繁，而且非常强大，但是，它的确带来了一个问题：单从它的外在表现来观察时，很多看上去像是在偷懒。莎拉分享了一个她自己生活中的例子。有一次，在上班时间，她站在自己办公室的窗前，安静地凝视着远处的山脉，同时，试图让大脑“轻松地围绕一个问题”。恰巧，公司的CFO从她的门前走过，看见她盯着窗外，便厉声要求她回到工作中去。莎拉平静地回答道：“您以您的方式工作，我也有我的。请别打断我。”莎拉后来记录下了这个情节：“这位CFO并不知道的是，凝望天空的确是我们的工作方式之一。放空我们的大脑以及让各个关系组装在一起……对我们来说看见其他人不能看见的关联性是可能的。我们放松有利于工作。”

在学校里，这种对耐心思考的要求也能引发很多问题，在那里，留给思考的时间是很少的。企图让一个老师信服凝视窗外是你最好的工作方法或是你正处于“繁忙”的时刻，简直是徒劳。然而，这种被动和回溯的方法实际上是一种有效的解决问题的方法，有很多科学证据支持它的正确性和有效性。在研究文献里，这种解决问题的方法也被称为顿悟。

顿悟是指对一个问题里的元素之间的联系，有了突然的认识。这种顿悟的典型历史例子是，当阿基米德（Archimedes）突然发现排水量能被用来测量不规则物体的体积时，他从浴缸中跳出来大喊“我找到了!”

顿悟最有用的时候是由于信息的模糊或不完整，在一步步分析解决问题受到阻碍时——也就是，在D优点被需要的情况下。顿悟同时高度依赖于第四章中介绍的I优点。这是因为，顿悟依靠在概念和思想之间的有相同广度和“距离”的认知联系，而这正是I优点的特性。因为顿悟和D优点以及I优点关联非常紧密，所以，人们常常发现读写困难者就是特别擅长使用顿悟去解决问题的一群人。据我们的经验，也的确如此。

虽然，基于顿悟解决问题的方法非常强大，然而，由于它制造联系的过程大部分都发生在个人有意识的觉知之外，所以，它经常看起来是二流的、神秘的、伪劣的或甚至有点声名狼藉。但是，确实存在一个可以观察到的隐藏于顿悟背后的神经机制，而且在十多年前就已经被研究者们彻底研究过了。

对我们理解顿悟贡献最多的科学家之一是马克·比曼博士(Dr. Mark Beeman)，在第四章，当我们讨论大脑半球语言功能的工作时，和他相遇过。比曼博士一直在展示顿悟涉及的几个不同阶段。

在第一阶段，精神集中地关注手边的问题，并着手需要回答的问题。这个高度集中的阶段迅速给放松阶段让路，在那里，精神放松了，注意力开始漫游。就如比曼博士描述的这个阶段："大脑处理动作总体安静下来了，因为它试图去使每件事情都平静下来并等待有些事情跳出来。"这个大脑正在等待的"有些事情"是"远程的或新颖的连接或关系"，是那种读写困难者擅长制造的联系。当一个适当的联系被发现时，它同时激活了遍布大脑的广泛的细胞网络。这个分布广泛的令人激动的爆发创造了尤里卡（"我找到了"——译者注）时刻的主观感觉。

注意，顿悟机制是多么紧密地和精神状态联系在一起的啊。这些精神状态包括放松、回溯和产出能力如创造性的想入非非、探测遥远连接的能力以及解决问题的能力。戴密斯·哈萨比斯博士（Dr. Demis Hassabis）和其他人的研究已经显示了大脑回路在想入非非和心不在焉时（被定义为大脑的"默认网络"）被激活，这一点和情节构造系统基本相同。换句话说，想入非非是由自由状态的和未受指导的现场工作所组成，或情节记忆创造性地重新组合。想象的力量是巨大的。并不让人感到奇怪，在空想和顿悟之间，在想入非非和解决问题之间有如此广泛的重叠，如同在凝视着大山和解决地质难题之间。

像健康的情感和积极的情绪这样的因素，在支持成功的顿悟里，似乎也起了特别大的作用，它们是通过加强放松阶段来起作用的。这就是为什么许多伟大的顿悟似乎都发生在淋浴时、泡澡时、床上，或在沙滩上，或凝视窗外时，或盯着空旷的天空时的原因。“强迫”或催促的企图将会抑制顿悟。这是顿悟最令人困惑的特征之一：它的成功似乎和努力完全成反比，以至于最深的接触需要一种深度的解脱。您越难使用顿悟去解决一些问题，您获得成功的可能就越小。顿悟最大可能发生的时候是当精神在一个放松的走神状态时而不是匆忙指向一个特定的目标时。

在这本书里，这不是第一次了，我们一直在说，紧张的精神集中和注意力抑制创造性连接的出现。回想我们在第十二章中讨论过的潜在抑制，在其中，我们提及了紧张的精神集中和对心不在焉的阻止和创造性的成就成反比关系。反过来，制造远程的、创造性的、有洞察力的关联可以通过一个略微分散注意力的系统被培养起来，这个系统允许将想法混合在一起。

当大自然给我们能力去产生创造性的和富有洞察力的联系时，童年可能是超过生命中其他阶段的最好时间。比曼博士向我们推测了人类物种异常长时间的不成熟的注意力在创新发展中的价值：“也许精神集中的延迟发展带来了一些益处——那也可能是为什么人类一般发展如此缓慢的原因。也许注意力发展更慢的这些孩子们在某一方面的创造力会发展得更好；也许这个额外的创造力意味着他们实际上将以一个伟大的方式发展，如果同时我们不把事情弄得太一团糟的话。”

比曼博士很清楚在他脑海里的这种“一团糟”指的是什么。“我最关心的是用来治疗‘注意力不集中症’即 ADHD［例如，利他林（Ritalin），哌甲酯制剂（Concerta），阿得拉（Adderall），二甲磺酸赖右苯丙胺（Vyvanse）］的刺激药物的使用，这些药物改善了精神注意力，并抑制了注意力分散，让人们的注意力更集中，可能最终对创造性思维是件坏事。我们可能实际上阻碍了非常有用的创造力和顿悟区域的成长——那真不是我们应该做的事情，除非绝对必须去这样做。”

不能只通过速度、数量和工作中的注意力这些指标来判断一个孩子的发展，我们还应该测定他们创造力的发展、顿悟的使用和花在反思上的时间。由于不能认识到缓慢的、令人难以置信的、富有洞察力的系统的价值，而使用了我们强调的线性的、基于规则的演绎思考模式来取而代之。实际上，我们阻碍了所有孩子的发展，特别是那些最有创造力和对顿悟依赖的孩子的发展。

我们常常看见，在数学领域里，用顿悟的方法来解决问题的人们正忍受着不必要的痛苦。在我们的诊所里，经常发现有才能的年轻数学家不能表达，或在某种场合甚至不能描述他们工作中的步骤，然而却能正确解决几乎每一个问题。这些学生正使用顿悟来解答问题——把新问题和他们之前遇到过的问题匹配起来，并挑选储存在他们记忆里的合适的答案，而不是使用一步一步地分析推理。相对于逐步帮助这些学生去学会跟踪中间步骤的重要性，在青春期，只要他们能得到正确的答案，虽然他们没有展示所有的步骤，也应该给予对应的分数。随着他们年龄的增长，长距离脑回路的抗干扰性变得更好，他们在顿悟力和分析解决问题之间移动的效率将提高，他们将能更好地“反向还原”中间步骤并去展示他们的工作。不幸地，我们已经看见了一些真正的灾难性的情况，极有才华的年轻数学家们已经丢失了他们对数学的热爱，只是简单地因为当他们还没有发育好准备去这样做的时候，就被过分强调要求去展示他们的工作步骤。

重要的是要认识到，某些人倾向于简单地使用顿悟而不是分析的方法来解决问题。以我们的经验，很多读写困难者的确是这么做的。将推理主要建立在洞察力上的人，对于那些完全没有抓住顿悟机制的其他人来说，有时看上去是未聚焦的、无效率的、“非线性的”或缓慢的，如果他们不能“展示他们的每一步工作”，那么在让其他人接受他们的推理方式时，就经常会遇到困难。但是，基于洞察力的推理值得获得远比他们已收获的更多的尊敬。作为老师、父母、同事和上司，我们需要留意经常通过顿悟获得正确结果的人们，发现他们之后，我们应该用与之相配的认真态度去对待他们不同的推理方式。并不是所有对窗外的凝视都是在推理，但是，大多数是这样的。重要的是去理解这些人——包括许多最有创造力的人——的确需要“放松有利于工作”的状态。

第二十三章

D优点在行动

学校不会教您的事情

我们已经看到了动态推理在变化的、不确定的或模糊不清的情况下是怎样提供帮助的。现在让我们来看一些有趣的例子，这些例子展示了一组读写困难者是怎样在最具变化和最不确定的环境之一中，即云谲波诡的商场中取得显著成功的。

让我们从一位展示了成功商业技巧的企业家开始，他的名字叫作格伦·贝利（Glenn Bailey）。

从 17 岁成立第一个公司开始，格伦已经在多个行业成立了很多营利的商业公司，包括服务业、建筑业和零售业。然而，这位商界精英，在学校却鲜有成功。

“我的校园生涯是惨淡的。我有一个极度活跃的大脑，所以注意力并不是仅在那里。我对很多事情都充满了好奇——通常是为了娱乐我自己。我会沉浸在另一个世界里并思考其他事情。

“我的头脑是用视觉工作的：我能看见图画中的任何东西，我总是想象事情。我对此也无能为力。我的确是精力充沛。无论您说什么，我都能看见相应的画面，非常生动的、多彩的、逼真的画面。它们不仅是一幅画，我还能让它们动起来。无论是现实的还是虚构的。我不得不收拾起思绪，使自己集中注意力。在教室里，这也是一个问题，因为我虽然坐在那里，但心思却在我想去的地方、我想做的事情以及我想成为的什么上面，我喜欢快乐的想法，完全不理会课堂时间。我坐在那里点头和微笑，但实际上我像是在问：‘您在说什么?’

“我非常好奇，简直成了一个毛病。我总是喜欢问‘这是为什么?’或‘那是为什么?’教育被视为一条单行道，但是，我要通过互动才能真正学到知识。

“我最大的障碍是英文。能够去阅读是您呈现给社会的‘智力脸面’，如果您连阅读都不会，那么人们自然就假定您是一个傻子。在学校里，对读写困难学生来说，阅读就像是给身上附加了五十磅的重量，使人往下坠。因此，我对任何课程都没有足够的信心。我认为自己不聪明。我把自己称作‘幽灵’，因为我只是在混日子。”

当发现校园教育对他打算在现实中使用的优势没有太多帮助时，格伦在 17 岁就离开了学校。“最后一天去学校，在数学课上，我发现自己学的是不擅长或甚至是不喜欢的英语。我认为，这是一个极大的讽刺，因为，我热爱数学和数字。它们非常有逻辑，我能在脑子里非常快地做数学题。但是，在这儿，在数学课上，我学习的却是我讨厌的英语，以至于我觉得不是在学习数学。我就是这样的，所以，我离开了学校，这居然成为我生命中一个巨大的触发点。我说：‘看，我在 16 岁到 17 岁时，没做任何事情，但是，在将来，我能做很多事情。在下一个五年、十年、十五年、二十年、二十五年，我该往何处去呢？’”

因此，格伦设定了目标，并开始去追逐。他成立并运作了他自己的一家滑雪商店。几年后，格伦瞄准了一个机会，将瓶装水引进到温哥华（Vancouver）。那时，他 23 岁。在 10 年间，格伦公司有了 23000 个客户账户，年总收入达到 1400 万美元。在创立“加拿大矿泉水公司”（Canadian Springs Water Company）上，他是如此成功，以至于他在家乡温哥华以“矿泉水男孩”而闻名。在 1996 年，格伦以 2400 万美元的价格卖掉了他在公司的股份，并获得了“加拿大商业发展银行青年企业家奖”（Business Development Bank of Canada Young Entrepreneur Award）。从那以后，他创建了很多更成功的商业，包括另外一家矿泉水公司，这家公司提供的是当地水净化项目，而不是供应瓶装水。

当我们询问格伦，他作为成功的“持续创业企业家”的关键因素是什么时，他提到了他发现机会和发挥想象的能力，但是，他也指出了他和其他人建立关系的能力：“对于我，也对于任何读写困难者——这就意味着在你的身边总是有正确的人存在。我工作的很大一部分是激励和授权。您不可能去做每件事情。我依靠其他人的支持。我有很棒的家庭——总是给予我爱和绝对信任的父母——朋友们、老师们和绝对优秀的妻子。我对他们感激不尽。”

读写困难企业家们：真实的成长故事

格伦·贝利的成功是一个真实的故事，而且作为一位成功的读写困难企业家，他并不孤单。在写这些的时候，Google 在关键词“读写困难企业家”下，弹出了超过 37000 条的链接。其中许多链接给出了读写困难企业家的名单或特别成功人士的介绍，如格伦的介绍。但是，有相当数量也链接到了朱莉·洛根博士（Dr. Julie Logan）的工作，洛根博士是伦敦城市大学卡斯商学院（Cass School of Business，City University，London）研究企业家职能的教授。她不是读写困难者，十多年以来，她研究了很多有读写困难的企业家，并发表了几篇被广泛引用的研究文章。在交谈中，我们问她，是怎样开始对读写困难企业家的特殊才能感兴趣的。

“我过去的主要时间是用在对大公司的经理们进行管理培训和策略发展上，然后再过渡到和企业家们一起工作。我马上就注意到一个差别。企业家们虽然非常擅长呈现他们正在努力建立的、清楚的和令人信服的蓝图，但是，他们非常不情愿把他们的想法写在纸上，成为书面的商业计划。这种情况在我和公司经理一起工作时，还没有遇到过。一个大公司的经理通常能提交非常好的策略计划。所以，我觉得很奇怪，并想知道为什么会是这样的。这是我第一次对这个问题感兴趣。从那以后，无论何时，只要遇到在口头上把愿景描述得很棒，但似乎不愿意将它们写下来的企业家们，我就会问他们当年在学校的表现，以及是否有孩子是读写困难者等问题。这就是我对有读写困难的企业家感兴趣的经历。我一再使用这种方法。”

最后，洛根博士开始了在企业家身上的正式研究，最初是在英国，后来在美国。她发现，在英国读写困难在企业家中的比例高出普通人群大约两倍；在美国，高出至少三倍。在她调查的美国企业家中，有整整35％的人是读写困难者，但是，在美国公司的经理们中，却只有不到1％的人是读写困难者。

在读写困难企业家中，洛根博士发现了几个关键的特征。首先是他们对自己的企业有非凡的愿景。“他们对正在做的和将要做的事情都有清晰的认识，认为成功在望是一个非常有力的工具，因为它能将其他人吸引到美好愿景的周围。”

第二是信心和执着的态度。“已经解决了学校的所有问题，并处理了这些挑战之后，他们拥有了积极进取的方法并将其带到新的局面中。他们不仅知道他们想去做的，而且有信心做好。”

第三是请求和获得其他人帮助的能力。洛根博士发现，大多数读写困难企业家雇用的员工人数远远超过非读写困难企业家所雇用的员工人数，读写困难企业家更有可能将运营工作委派给他们的员工，而把他们自己的注意力集中在公司全面的愿景和使命上。“他们知道他们不长于处理细节，所以，他们雇用特别擅长处理财务或细节，或其他工作的员工。不像许多不愿放权或一直干涉下属的企业家，他们会把最好的人才带到自己周围，然后相信这些人，放手让他们去做。很多读写困难者都使用过同样的如下句子向我描述这种态度：‘我用我能找到的最好的人，即使他们比我聪明。’我一再听到这句话。”

第四个特征是优秀的口头沟通能力，他们用其来激励员工。“他们通常和员工之间都有极富魅力的个人关系，甚至当他们手握庞大的商业帝国时，也会设法创造同样的关系。员工们被他们所激励。一个好的例子是英国航空公司（British Airways）和大西洋维珍（Virgin Atlantic）两家公司员工们在罢工时的行为。他们都要求涨工资。但是理查德·布兰森（大西洋维珍的 CEO，读写困难者）出席了员工会议，和员工对话，解释了为什么他不能给他们涨工资的原因，之后每个人都回到了岗位并开始工作。”相反，英国航空公司的CEO，没有使用这种方法，他们的劳资僵持仍在继续。

第五个也是最后一个优势，是洛根博士反复观察到的，但还没有被她的研究所证实，那就是“很多这些成功的企业家大量使用了他们的直觉。例如，我最近正和一位非常成功的读写困难企业家谈话，他告诉我，他从来都没有做过正式的市场研究。他去到准备购买的商店，站在门旁，查看有多少人进出，做诸如此类的事情。它肯定是一种比逻辑推理更正确的方法”。

简而言之，洛根博士已经证明的这些由D优点和N优点组成的读写困难企业家具备的才能，达到了一个令人吃惊的程度。我们在本部分和先前部分已经介绍过拥有“动态推理”能力者擅长“阅读”将来的机会、确立节点、解决问题。拥有“叙事推理”能力者擅长给其他人传递愿景、激励他们和鼓励他们加入团队。这些都是在变化的、不定的或未全知的环境下去运营企业所需要的才能。

第二十四章

D优点的关键点

在前面几章中，我们已经讨论了许多读写困难者展示出的D优点即动态推理的优点。动态推理的关键点包括：

· 动态推理是“阅读”真实世界模式的能力。这种能力允许我们去重新构建我们没有目睹的过去事件，预测可能的将来事件或模拟和预演。

· 在所有相关变量是未全知的、变化着的或模糊的情况下，动态推理是特别有价值的。

· 动态推理的特殊力量是建立在和起初的观察完全相同的模式上的，而不是一种抽象的归纳。

· 动态推理经常使用基于顿悟的过程，这个过程是有力的但常常是缓慢的、被动的，并可能导致解释中间步骤的困难。

· 动态推理在特殊情况下的有效性通过较强的模式分离能力来提高，这也增加了可用的内存模式。该有效性也可通过一个高度互联的大脑回路来提高，这种大脑回路支持连接更远程的和与众不同的模式的能力。

· 具有显著 D 优点的读写困难者常常在那种迅速变化的、模糊不清的、其他人感觉非常困难和困惑的环境下茁壮成长起来。

预测的力量：文斯 · 弗林（Vince Flynn）

让我们走近有明显 D 优点的小说家文斯 · 弗林。在过去十年，文斯的 12 本以反恐为主题的小说销售量已经超过了 1500 万本，使他成为当今世界上最畅销的小说家之一。他的小说充满了引人入胜的情节和跌宕起伏的曲折，但是他写的任何小说都比不上他自己出人预料的人生经历精彩。

在二年级时，文斯被诊断为有读写困难，然后被贴上了“SLBP”（缓慢学习行为问题）的标签，并被放到特殊教育班上。文斯回忆起他在阅读、写作和拼写方面都有“几乎不能忍受”的问题，他悟出了要在课堂上成为主人的生存战术。有一次他回忆说：“我知道怎样去玩这个游戏，我总是尊敬老师并努力学习。只要你这样做了，不管考试的成绩多差，老师们总是让你通过……你要积极参加课堂讨论，老师们总是说，‘这个学生看来是弄懂了的，他仅仅是考得不好而已。’”

文斯高中毕业时的平均成绩是 C +，然后进入了位于明尼苏达州圣保罗的圣托马斯大学（University of St. Thomas in St. Paul，Minnesota）学习。在那里，他缺乏阅读和写作技能的劣势马上就带来了问题。他选修了两门英语课，都得了 C -。他勉强通过了大学一年级的课程。当时，有两件改变他一生的事情发生。第一件事情，在告诉我们时，他仍把它当作这辈子最感丢脸的事情之一。

“我当时选了一门只给合格/不合格两档成绩的课程，我给老师交了一篇论文，但是，老师第二堂课发还时，我不在。一个所谓的朋友拿了我的论文。第二天，中午时间我去找他，看见我的论文放在一张桌子中间，有八个人笑嘻嘻地围着看我的论文。在那页的上面部分，有个大大的红笔写的‘F’，在那页的下面部分，这个教授写道：‘我不明白你是怎么进入大学的，我不知道你如何能毕业，但是，这是我教学生涯中读过的最差的论文。’我非常尴尬并对自己说：‘是的，我再不能像这样了。我必须迎头赶上。’”

“紧随着那件事情，艾麦奎尔（Al McGuire，荣誉殿堂大学篮球教练，电视评论员）在巡回演讲中，来到了圣托马斯大学，我被他的演说触动了。他谈到了读写困难是怎样伴随他的成长经历的。他不知道怎样去读和写，但是，他是一位杰出的篮球运动员，从高中到大学，他的平均成绩从来都没有超过 C。在 NBA 打了几年球后，他开始在马奎特勇士队（Marquette Warriors）做教练，他在任的最后一个季节，他们将马奎特勇士队送进了全国大学体育协会（NCAA）冠军赛。大约在比赛开球前 15 分钟，记分员上场了，递给艾麦奎尔记分簿并说道：'教练，我需要您的首发阵容名单。'麦奎尔惊出了一身冷汗，因为他不知道怎样拼写球员的名字。所以，他惊慌地回答道：'对不起，我不能，我有急事。'然后，他跑回更衣室把自己反锁在一个小隔间里，并开始祷告，'亲爱的上帝，如果您让我赢这场比赛，我就回到夜校去学习怎样去读和写。'马奎特队取胜后，艾麦奎尔从教练位置上退下并回到了学校。

"现在，我从这个故事中学到的是，我拖的时间越长，就会越严重和越尴尬。我非常认真地对待这件事，因为，我盼望能流畅的写作，并不想成为多用途的文盲。

"所以，我马上去买了两本书，《英文写作基础》（*The Fundamentals of English*）和《怎样一天拼写五个单词》（*How to Spell Five Words a Day*），我开始每天跑图书馆并认真阅读它们。我也开始阅读每一件到手的东西，因为我知道，那是使我变得更好的唯一出路。"

文斯开始阅读里昂·尤里斯（Leon Uris）写的《三位一体》（*Trinity*）。虽然，在读起初的一百页时很吃力，但是，不久，他就被吸引住了，他停止担心他不能解读所有的文字，他发现，他的大脑能“吸收东西”。

大学毕业后，文斯做了几个销售工作，同时准备去缅因州（Marine）飞行学校学习。但是，踢足球时遭受的几次脑震荡使他不合格。他花了几年时间去寻求允许他飞行的医学豁免，但是满 27 岁后，他不再有资格接受训练了，他开始去找寻另外的人生方向。“我记得对自己说，绝不荒度余生。”因此，他开始致力于可能成为他第一本小说的手稿《任期限制》（*Term Limits*）。不久，他破釜沉舟，辞了职，并告诉他的朋友和家人，他打算以写小说谋生。

我们问询文斯，是什么让他有信心能以写小说为生？因为几年前才被告知，他的写作水平达到了笨拙的新高度。他回答说，信心来自发现他的大脑和他热爱的小说家做的工作存在大量的相同之处。他说，当他阅读或看电影时，“我总是知道下一步将发生什么。太多次了，我能告诉几乎从第一章开始故事是怎样发展到尾声的”。那种经历使他认为，既然他能构想其他人小说中的情节，那么，他自己也可以写一本。

文斯的感觉是实实在在的。就如我们已经讨论过的，预测力和叙事力是关系紧密的心智才能。然而，如果文斯没有看见自己所具有的处理复杂模式的特殊才能的迹象，他去构思曲折情节的能力并不足以让他拿自己的生计去冒险。在他孩提时就表现出来的让人吃惊的一种才能："我是天生的国际象棋手。这是一个令人匪夷所思的事情：虽然我在学校是失败者，但是，我总是能事先就看见棋局会怎样展开。因此，我们的父母常常带我去和双子城（Twin Cities）里的国际象棋高手们切磋。有一年，我得了州里的第四名。但是，我从没告诉过我在学校里的朋友，因为我对此感到窘迫不安。"

另外一个暗示在大学里也浮现出来了。"在和其他课做斗争时，我完成了宏观经济学的课程，在我生命里，头一次发现自己作为仅有的几个知道下一步将怎样进行的坐在教室中的人之一。很多有英语和数学天赋的孩子们只知皮毛，却根本没有找到感觉——有太多的变量——突然，我变成了正在说'你们怎么不明白这些呢？这是多么简单的事情！'的人。只有我对此有感觉。"

文斯的预测能力清楚地显示在他的写作里。第一本小说和一个大的出版商签署合同之后，文斯在1998年选定第二本小说的题目时，当时大多数人还完全没有意识到，但却引起他注意的是那个时代的国家安全问题：激进的宗教激进主义。文斯随后的三本小说都集中在这一威胁上，所有的小说都是在每个人意识到这种危险惨剧发生之前出版的。"在'9·11'之前，我想知道，'为什么其他人对此没有感到害怕？'对我来说，再明显不过了，这是一个定会发生的灾难。"

文斯预测头条和幕后行动的能力是如此令人震惊，以至于他的其中一本书《阵亡将士纪念日》（*Memorial Day*）引起了能源部官员们的安全评审，因为他们认为，文斯肯定从一个内部消息源已经拿到了机密情报。但是，文斯说，他的故事的现实性完全来自于他使用已公开信息去推测的能力。“我能诚实地告诉您，我绝对没有眼线在CIA或情报机关或NSA或FBI或海陆空三军里的任何地方给我提供机密情报。我仅从公共领域获得信息，然后填补未知部分。我有将这些点串联起来的办法。”

政府以外的人，同样也注意到了文斯的预测能力，有些人准备在上面投入重金。“我最近被邀请参加一个对冲基金的董事会。这些人说：‘我们认为您有一个很好的战略思维方式。’他们不知道为什么，他们不知道读写困难的事情，但是，他们说：‘我们非常愿意邀请您进入董事会，以便于您能为我们做一些战略思考。’”

文斯一直试图说服其他人，他相信很多读写困难者具有预测能力。“我有一个任职于几家慈善基金董事会的朋友，我总是告诉他：‘您知道，在这些机构里的每一个董事会都需要至少一名读写困难者。’当他问我原因时，我告诉他：‘我们能事先看见模式。我们可以帮您很多忙。’”

文斯将读写困难者的预测能力归因于天赋和培养。“读写困难者有些与众不同，可能我们更有天生的创造力，但也受到更多的影响。学校像一堵墙，对其他人来说，有一架梯子在那里，他们可以爬上梯子，翻过墙。但是，无论什么原因，读写困难者连怎么爬上梯子都不知道，所以，为了通过这堵墙，我们不得不自己去找其他解决办法。在墙下挖一个洞，或找条绳子做梯子或找寻其他办法。所以，我们一直努力去解决一个个问题，我认为这就是如此之多的读写困难者成为发明家和创造者的一个原因——因为他们一直找寻击败这个系统的方式，或改善这个系统，或把它变成让他们有感觉的样子。这也促进了他们预测能力的发展。生活中有如此之多的事情像代数等式一样，有四个'已知'条件和三个'未知'变量，您必须去求解。在每天的生活中，读写困难者们都被迫去处理很多事情，这也帮助了我们成为擅长解决复杂问题的人。"

听了文斯列出的他所看见的读写困难的优点之后，我们冒昧地问道："所以，您实际上并不认为，我们把这本书命名为《读写困难和隐形天才》（*The Dyslexic Advantage*）是让人惊奇的事情，对吗?"

文斯报以热情的大笑回应我们："听，听！你们是对的。我认为这是完全正确的决定!"

7

如何利用读写困难的优势

第二十五章

阅 读

迄今为止，我们已经看到了读写困难者处理问题风格的很多优势：

• 读写困难不是简单的阅读障碍，而是不同的大脑结构和信息处理模式的反映。这种异于常人的不同，带来优势的同时，也带来了挑战。

• 和读写困难有关的优势和挑战之间有着千丝万缕的联系，就如同棒球中的本垒打和三局未中出局一样，读写困难的挑战最好能被理解为在追求更大认知收益中出现的交换或交易。

• 读写困难者虽然受困于精致的细节处理，但是他们常常在大方向、大局面或从上到下的处理模式上表现出极大的优势。

• 许多读写困难者在实质推理上表现出优势，即在脑海里建造和操作相互关联的系列三维空间透视图上颇具能力。

· 许多读写困难者在关联推理上表现出优势，即在理解遥远以及不常见的关联上，或使用跨学科的方法进行推理上，或探测背景环境和要点上颇具能力。

· 许多读写困难者非常擅长叙事推理，即在用他们过去个人经历（情节记忆）的碎片构造想象“场景”去理解信息上颇具能力。

· 许多读写困难者在动态推理上表现出优势，即在精确地重建他们并没有目击的过去事件以及预测将来的状态方面颇具能力，他们经常能在变化中的、模糊的或已知条件不完全的情况下，使用基于顿悟的推理和“情节模拟”，并能在要求给出“定性”的实际解决方案的场合里大放异彩。

这些发现对于我们怎样理解、教育和雇用读写困难者有重要的意义。在最后的这几章中，我们将探索这些意义。让我们从和读写困难联系最紧密的学习功能——阅读，开始吧。

成为一名熟练的阅读者

熟练阅读要求三种能力：读出（解码）单词的能力；快速而精确地阅读的能力（如流利）；了解所读内容意思的能力（如理解）。读写困难者和以上任何一种或所有的技能做斗争的同时，他们具有的读写困难优势也能帮助到他们去掌握这些能力。

解码单词

解码或“读出”不熟悉的单词依靠两个主要的能力：

- 精确识别单词中所有元素的发音。
- 掌握字母能被用来代表这些元素发音的语音规则。

就如我们在第三章中所讨论的，这些能力依靠大脑的语音加工和程序（或基于规则的）学习系统。语音加工系统首先把进入的单词分割成它们的元素发音（一个被称为发音分段的过程），然后将这些发音相互辨别（区分）开来。大多数的读写困难者在以上的一个或两个过程中会遇到困难。

这些问题除了会在解码过程中出现外，也会在其他多种工作中出现。有发音分段困难的读写困难者也将在辨别单词的元素发音中遇到障碍。例如，他们可能在确定单词“cup”（杯子——译者注）有三个发音（*c-u-p*）而不是两个发音（*cu-p*）时有困难。他们也在执行语音转换工作上感到吃力，如故意颠倒英语字母顺序拼凑而成的俗话，或无法辨识 *bat* 中的 *b* 变为 *h* 后形成的新单词等。关于语音识别方面，有困难去区分单词发音的读写困难者将经常发错音、听错音或拼错音。他们可能替换或弄错有相似发音的单词，或在单词发音或拼写上（例如，替换 t/d，m/n，p/b， a/o 或 i/e，或者漏读单词的发音）产生混淆。

发音分段或区分［被称作为音素意识（phonemic awareness)］的技能不完全是天生带来的而是可以后天学会的。这种学习主要发生在婴儿期，并且极大地依赖于精致的细节处理和内隐学习（即通过观察和模仿来学习，而不是去学习遵守规则，就如在第三章中所描述的)。我们已经提及过，许多读写困难者会在精致的细节处理和内隐学习中遇到障碍，所以他们经常在学习精确地辨别全方位的语音时有困难。

好消息是大脑的发音处理系统不是固定的，而是很大程度上可以重新设计的。分段或区分技能比较弱势的大脑经常能用建立在奥顿一吉林厄姆（Orton-Gillingham）方法上的语音教学来重新训练。对发音区分有特别严重困难的人应该用一套专门改善单词发音的指导技术来开始训练，如琳达穆德一贝尔的 LiPS 课程(Lindamood-Bell's LiPS)，或使用电脑软件的听力训练课程，如 Earobics 或 Fast ForWord（两款软件的名字——译者注）。对于所有其他的读写困难者来说，应考虑自己的优势、弱势和兴趣后，再来选择一种合适他的发音训练方法。

我们在之前的章节中讨论过的一般读写困难大脑的特性也有助于选择合适的教学方式。例如，由于多数读写困难者更喜欢情节而不是语义记忆，所以，他们能记住经历过的事情（或想象的基于情节的经历）而不是抽象或无背景的事实。如果他们发现这些信息是有趣的，或他们能将该信息放入一个更大的知识网络里，或理解了该信息的全面功能或目的之后，他们也就能更好地记住信息。

由于每个人都是独特的，各具特点，个人的MIND四大优势也能帮助去推断哪种训练方式是最有效的。例如，针对有明显M优点的人，可以使用能吸引他们在空间表象方面优点的方法。这些方法一般都涉及不同形式的视觉的、定位的或基于运动的图像。发现一种读写困难者擅长的强化空间表象形式的方法（例如动态的、可视的）能极大地提高阅读能力。

对于具有显著I优点的读写困难者，采用联想式的教学方法时，他们就会学得很好。这类教学方法经常在他们已知的或感兴趣的主题与新信息之间建立关联或类比。这些学习者也很享受“多感知性”和多框架的、以多种方式表述相同信息的方法。他们常常喜欢讨论这些方法是怎样应用在工作中的，因为这些方法紧密结合了他们在抓住要点、推断因果以及语境思维方面的优点。

有特别大的N优点或D优点的学生，常常从强调实例，而不是规则和定义的教学方法中获利。将信息嵌入故事或事件的方法也更利于这些学生的记忆；通过和老师交谈或互动来学习的互动法，也一样有利于他们的记忆（例如使用讨论、编戏剧或做游戏）。

一句话，认真考虑读写困难者的优势、兴趣和挑战，就能够更有效地找到适合他们的教学方法。寻找合适教学方法的讨论已经超过本章的范围，但是，更多的信息被提供在我们的网站和《贴错标签的孩子》（*The Mislabeled Child*）这本书中。

非常重要的是一定要认识到大多数有严重读写困难挑战的学生需要额外的校外阅读指导。一旦发现挑战，就应立即开始培训，任何时候开始都不晚。对于有严重读写困难家族史的孩子，在他们表现出学习去阅读的兴趣时，就应马上开始进行看字读音训练，特别是如果他们表现出任何以下的困难：缓慢的语音采集、低下的声音感知、发错音或听错音、错误的发音节律或学习字母或字母发音很迟缓。发现越早，一般的阅读问题就可以完全避免，也能减轻更严重挑战的程度。

关注孩子教育的家庭，能用买到的教材或自己也能提供字母拼读训练。但是大多数情况下，从持有专业合格证书的阅读老师、语言病理学家那里获得帮助，或到阅读指导中心获得帮助也是一个好主意。如果需要一个指导老师，“国际学习障碍协会”（International Dyslexia Association）在每个州的分支机构都有一份接受过奥顿－吉林厄姆（Orton-Gillingham）方法专业培训的合格者名单。

同时，也要注意，避免一旦孩子对字母拼读的理解达到了年龄或年级对应的熟练水平后，就不再要求进行额外的阅读训练。

还不能快速地和流利地（或下意识地）使用语音知识的小学高年级或初中学生们，当被要求从教科书中学习时，或不熟悉解码以及新单词时，通常仍然会感到很吃力。

特别难的是和年龄更大的、能较好地合理地理解所阅读的内容，但是仍然在拼写和解码方面表现出困难的学生打交道。当他们熟练地掌握了语言技能后，有读写困难的学生也能经常去默读并掌握所读的内容，甚至当他们不知道陌生单词的发音（解码）和拼写（编码）时。经常是直到他们进入高中甚至大学，当在教科书中发现之前从来没有听到过的单词时，他们不能识别单词的问题才会暴露出来，此时，他们已不能使用上下文的线索来猜测单词的意思了。到那时，解码困难给他们带来很多实在的问题。我们把这些学生面临的这个问题叫作隐形读写困难，因为它经常避开了探测“雷达”，如果这些学生感觉他们的阅读能力“足够好”的话，要想激励这些学生在学习字母拼读上花工夫，有时是很困难的。然而，如果他们愿意接受额外的字母拼读指导，在阅读和写作方面获得的提高是非常大的，特别是如果他们计划进入大学学习的话。

流利度

为了快速地阅读和准确地满足高年级、大学和工作的要求，读写困难者们需要掌握更多的语音解码技能。他们必须掌握第二个熟练阅读的重要元素：流利的阅读。流利是由阅读速度和精确性两者组成的，可以通过广泛的阅读实践获得。

流利的阅读可以被分成几个方面，每一个都能通过不同的实践得到发展。在我们讨论这些获得流利阅读的技巧之前，首先来看看四个关键的、被包含在所有提高流利程度训练中的原则。

第一个关键原则是兴趣。读写困难者的兴趣被发掘出来时，他们会学得最好。这段话应该被刻在每个教室的墙上。兴趣浓厚的状态经常是读写困难者乐意去阅读的先决条件，在这个条件下，进行文字工作完全足以使阅读技能有很大的提高。这就是为什么任何形式的阅读训练的第一步都应该是去发现学生想阅读的东西。一本书、杂志、网站、连环画或任何其他能真正吸引学生兴趣的东西都将比有些似乎在难度上更合适但是不能抓住学生注意力的东西更好——即使这些东西似乎对学生目前的技能水平只有一点提高。

兴趣对选择正确的阅读材料也是重要的，因为一个学生的背景知识能提供语境和词汇帮助他们“填空”和认识有难度的单词。有很强M优点的学生常常喜欢以下领域的书籍和杂志：物理、化学、工程、发明、机械、计算机、飞机、建筑、景观美化、汽车、设计、时尚或其他吸引他们空间兴趣的话题。给人印象深刻的I优点的学生们，常常喜欢阅读具备以下特性的书籍：

幽默、有趣的类比和隐喻（如诗歌、神话或传说），以及多学科的或大局面的复杂主题，如环境、军队或世界史，或心理学。有N优点的学生们可能喜欢带有很强叙事元素的书籍，如故事、传说、神话、历史或传记。有D优点的学生们在年纪尚轻时，经常被奇幻书籍、科幻小说或神话所吸引；随着年纪的增长，对神话书籍或涉及想象或历史小说，或商业、经济和财务，或刊载有企业和技术方面文章的杂志感兴趣。因而，这些学生是他们感兴趣领域的最好的信息库。

第二个关键的原则是利用很多读写困难学生具有的组织管理严密的、宏观的、上下文处理优势。最好的方式之一是在他们开始阅读之前，用即将被阅读的材料的普遍概念装备学生。这种实用的方法一直都能提高阅读的流利度和学习的速度。有几种方法可以执行这种预先装备。首先，让学生去听由老师或机器大声朗读的他将要阅读的段落。其次，学生能够对着一位老师或软件（例如 SparkNotes 或 CliffsNotes 软件）去读或听该段落的总结。再次，阅读一系列可预先装备学生的部分书籍，因为这些书籍通常含有相同的故事、词汇、人物或语境。最后，对于更长的故事，学生在阅读该书籍前，可以先看对应的电影版本。作为这种方法的替代，我们发现许多学生喜欢先看电影，然后读该电影的剧本，这些剧本经常能在如“网络电影剧本数据库”（www. imsdb. com）中找到。

第三个关键原则是，一定要让学生在开始阅读之前，知道所有在课本中将遇到的单词。事先花时间指出生词、难词并且要确定这些词汇已被学生理解和认识，就能更有效地提高流利程度。

第四个提高流利程度的关键原则是，告诉学生，作者使用的句子结构。这对于学生更容易地理解内容有帮助。许多读写困难学生（特别是年纪较小的）有工作记忆的挑战，对他们来说理解更长和更复杂的句子有困难。对于这些学生，作者的词汇选择、句子的长度和结构以及题目都能戏剧般地影响学生们的理解和流利程度。通常在一页或两页之内，学生们就能告诉作者是否能较好地“适应”他们的思考风格。一般来说，读写困难的学生更容易接受把主题放在前面的、避免使用复杂从句以及被动结构的书籍。

将这些关键原则放在脑海里后，让我们来了解三种不同的培养阅读流利程度的练习。

建立快速和准确的视觉文字识别的练习

最基本的阅读流利度的训练集中在建立强大和准确的解码和单个单词的辨识上。为了能流利地阅读，一个读者必须能够迅速和无意识地解码以及通过视觉识别很多常用词。

虽然，许多学生很讨厌听到这些，但是为了能获得流利阅读的技能，的确没有其他方法可以替代朗读练习。朗读能强迫阅读者在一个段落中去准确地辨识每一个单词，这种要求不能简单地用任何其他阅读方式来加强。

对于初读者，被称作指导性重复朗读（guided repeated oral reading）的方法是最有效的。在这个方法中，一名“指导者”首先大声朗读一段难度合适的段落，同时，学生跟随默读。当指导者完成朗读后，学生大声朗读同样的段落。每天重复朗读该段落，直至非常流利为止。对于初读者，一个段落就足够了，但是，随着阅读者的进步，段落应该变得更长。最终，阅读者可以熟练到忽略第一个步骤的阅读而直接进入大声朗读阶段，同时，指导者或老师跟随他的阅读去查看准确性和指出错误。

当读写困难者的阅读好到能准确识别他们所读段落中的大多数单词时，就能在更快的默读上集中精力了。另外，通过跟随有声读物默读，也可以训练他们的阅读速度。

初读者也可以使用单词卡片练习一些最常用词的视觉识别。这些单词被列在很多网站上，并使用搜索关键词“多尔希词汇”（Dolch words）就很容易找到。

流利使用高级词汇解决问题的能力训练

独立的默读训练也能帮助学生们建立起一种自上而下解决问

题的能力，这种能力允许他们去假设他们不容易解码的词汇的意思。使用含有大量图画的书籍和杂志，并事先告诉学生们将要阅读段落的概述和总结，对这项训练是有用的。应该鼓励学生们快速阅读，避免他们被不能立即识别的单词所阻碍而停止不前。应该告诉他们主要是去阅读上下文和对整体的理解，可以跳过不知道的单词并继续阅读下去。要培养出一个真正的熟练阅读者，单做这项训练是不够的。但是，它的确能够增强毅力、培养对阅读的兴趣、提高词汇的视觉识别能力、解决问题的能力以及从上至下的上下文推理能力。

培养速度的训练。阅读就像骑自行车：需要一定的速度才能保持前进。许多读写困难者已经学会了去合理地、准确地解码单个的单词，但是，阅读速度仍然可能是非常缓慢和费力的，以至于他们不能从所读的句子和段落中吸收连贯的信息。通常解码相对良好但是阅读缓慢的人不能被确定为有读写困难。因为他们引人关注的往往是不佳的表现、注意力不集中、缺乏坚持阅读，或逃避阅读的倾向。

能准确但缓慢阅读的学生，应该通过跟随一个指导老师或有声读物进行阅读，借此来提高阅读速度。就像运动一样，一台强迫您跟上速度的跑步机能让您的跑步速度比您自己随意跑步时更快。跟随一本有声读物进行阅读，能培养更快的阅读速度。较新的电子设备——包括在大多数电脑或电子阅读器上的文本播放系统——设置有不同的播放速度，因此，学生们能逐步增加他们的阅读速度。

流利的阅读也需要一个良好的可视化系统，这是很多顽固的缓慢阅读者所缺乏的。在阅读社区，有相当大量的关于视力对阅读影响的论文和可视化介入读写困难者阅读挑战的公开辩论。在我们另外一本书《贴错标签的孩子》中，我们仔细回顾了这些辩论。就如我们在那本书中所写到的，的确似乎有一群读写困难者，因为视觉能力不足耽误了他们的阅读速度，但是，他们能从视觉评估和治疗中获得帮助。

我们上面所描述的那些人通常在区分单词发音上面也有困难。而标准发音训练最终将帮助大多数人改善听觉识别能力，他们发展这些能力的速度也常常加快——有时是飞速进步——如果他们能接受基于计算机的听觉训练。同样，视觉训练也能加快有严重视觉症状的读者的进步。而阅读练习本身能提高许多人（不是所有人）的视觉功能。视觉疗法能提高眼睛移动和集中有难度的人的阅读速度。对有些人，训练前后的差别是巨大的，并能防止进一步的表现不佳或在阅读时经常出现的不舒服症状，诸如眼睛疲劳或头痛、视觉摆动（字母似乎在移动）、流眼泪、双影、漏行或经常丢失阅读的位置，或像斜视、偏头、闭上一只眼睛，或头离书本很近的不良行为。在阅读或需要近距离观察的工作中，经常出现视觉症状的读写困难者应做全面的视觉评估。执行这个检查的合格的专家应是接受过各种眼睛实用技能特别培训的验光师，实用的眼睛技能让眼睛在做精细工作时运行得很好。这些专家在他们的名字后面除了 O. D. 之外，一般还有字母 F. C. O. V. D。并且，很多合格的专家能在网站 www.cove.org 上面找到。

理　解

为了理解书面材料，读者不仅要了解单个词的意思而且还要知道这些词之间是怎样相互连接成句子的，以及更高水平的语言特征如文学风格、流派、隐含的意义和影响段落意思的隐喻语言。在处理过程中，该读者必须有足够的工作记忆内存去将所有的信息保存在脑子里，并必须能在记忆跟踪消失前，阅读的流利程度足以让大脑接收到这些信息。

一定要认识到，并不是所有的阅读理解问题都是由读写困难引起的。能流利阅读和顺利解码，但理解能力不好的学生，一般有注意力或语言方面的问题。而有读写困难的学生们，因为常常存在解码和阅读流利程度的问题，使得他们用耳听读比用眼阅读文章的理解能力更强。这种差异有助于找出他们阅读过程中遇到的理解问题的根源。

所幸的是，一旦解码和流利问题被解决或通过使用录音文本避开这些问题，MIND这四个优势常常使得读写困难者特别擅长理解文本内容。I优点经常在以下的情况下发挥巨大的作用：认识联系（如符号使用、类比、暗喻、讽刺、幽默、相关关系或因果）；使用不同的观点去分析文本；不同文本之间的相互比较；辨识全局元素如要点和内容。N优点帮助读写困难者创造基于场景的图像以及跟踪连接文本不同部分的叙事线索。D优点帮助读写困难者在他们阅读之前进行思考，能使他们成为非常积极的、富于想象力和分析能力的读者。当我们告诉人们，我们许多大龄一点的学生选择主修英国文学、比较文学或历史等那些需要大量阅读的专业时，他们都感到很吃惊，但是当访问文本信息的问题被解决后，读写困难学生常常非常适合修读这些专业。在下一节，我们将讨论读写困难学生如何增加对文本信息访问的方法。

阅读要点：使用技术增加可访问性

阅读的目的是为了获得书面信息。所幸，随着语言信息储存和转换技术的进步，读写困难者应该不再有任何抗拒阅读的理由。

在学校和工作中，如何将读写困难的挑战转换为一个信息访问的问题，而不是阅读能力的问题，可能会带来创造性的解决方案。民权律师本·福斯（Ben Foss）是一个很好的例子。福斯先生目前是“残疾人权利倡导者”（Disability Rights Advocates）组织的执行理事，这是一个为残疾人寻求平等和机会的国家民权组织。但是，直到最近，他都是作为访问技术负责人在“英特尔数据健康部门”（Intel's Digital Health Group）工作，指导发展残疾人辅助技术。福斯先生负责的最后一个项目是“英特尔助读器”（Intel Reader），一个可以装在钱包或背包里的便携式小设备，它是一个带有数码相机的把文本转换成语音的阅读器。它能将任何可以被拍成数码相片的印刷体文本，以最多高出正常五倍的速度，大声朗读出来——无论是书籍、杂志、包装标签或墙上的招牌。英特尔助读器的主意，首先是由福斯先生提出来的，他的团队最终取得了两项和它有关的设计技术的美国专利。

为读写困难者创造更多的文本访问机会的兴趣，来自于福斯先生自己作为一名读写困难者的经历。对他来说，学习如何去阅读是非常艰难的经历，在传统意义上，他放弃了。就如他告诉过我们的：“您如果想很快侮辱我的话：就告诉我，您能教会我去阅读。因为您做不到。我已经尝试过所有存在的，他们都没有采用过的阅读辅导纠正方法。”

如果福斯先生不能够阅读，那么他是怎样从极具声望的卫斯理大学（Wesleyan University）获得学士学位，从爱丁堡大学（University of Edinburgh）获得硕士学位，以及从斯坦福大学获得J. D. /MBA（法律博士和工商管理硕士——译者注）联合学位的呢？福斯先生坚决主张他成功的关键是辅助技术和其他教育福利的使用。我们经常将福利描述成为“把您从无收益的活动中解放出来，并带入富有成效的活动中的干预措施”。福斯先生还添加了以下有帮助的描述：“福利就如斜坡对轮椅一样。它们是对迈向终极目标过程的修正：考试仍然是考试，知识仍然是知识，但是，福利提供了一个不同的接近它们的方法。我发现斜坡的比喻很合适。”

福斯先生发现的最有帮助的福利之一是录音书。和其他读写困难者一样，福斯先生主要是通过非营利组织 RFB&D（www. rfbd. org）来访问录音书，他发现，该组织的录音资料简直就是无价之宝。但是，当他入读有更多要求的专业学校时，他发现传统的录音资料不再是充足的了。“我进入斯坦福修读法律学院和商学院的联合学位，他们有非常好的、为读写困难的学生做全面服务的残障学生办公室，因此我有了一台发声计算机和磁带录音的书籍。但是我发现后者有些问题，因为，如果您正在听以正常说话速度大声朗读出来的文本，那么实际上您是以大多数人阅读速度的 1/3 在听——这对我来说，并不好，因为这样，我不能和同班同学保持一样的进度。”仔细调查后，福斯先生发现了一个解决方法，这个方法已经被很多视觉上有障碍的人采用了：“我转换去使用数字文本。”

对数字文本，福斯先生指的是被编码成数字形式的文本，因此，它能被一个安装在电脑或其他电子设备上的文本转换成语音程序大声朗读出来。任何您输入到一个文字处理器里的东西，都能成为数字文本，根据福斯先生所说，数字文本最大的优点是速度。“听数字文本比听模拟文本录音快得多——有时能达到说话速度的十倍，时间一长，您就能训练自己很舒服地使用超快的数字文本作为获取信息的一种方式。这是视觉障碍人士处理文本的方法，我借用了这种模式。”

福斯先生立刻就能以阅读速度的两到三倍去听数字文本了。这已经是一个巨大的优势了，但是，五年后，他成了一名更快的听众。“通过带有很多重要转折点的一系列微小进步，快速听的能力被建立起来了，这肯定需要一个过程。不像药到病除那么快。”福斯先生提到了最大化提高听速的一个重要的关键点是应该试用很多不同的电子发音，然后去发现最适合自己的一个。

福斯先生认为，数字文本为学习提供了完全充足的方法。“在法学院上学时，我从来没有摸过一本书。我学会了放弃阅读。那是唯一能使我按时交作业的方法。我选择了和大多数学生完全不同的道路，因为原来我读书的方式如同在一条土路上缓慢地寸进，而转换阅读方法后，使得我如同行进在高速公路上一样。”

和我们会谈的另外一个人也发现了快速听读在专业学校里带来的好处，这个人是小说家和医学院学生布莱克·查尔顿。“我发现，当我还不是一个快速读者时，我实际上已经是一个快速听者了。以三倍于正常的速度去听一个讲座，我能够感到很舒适，并能完全理解它的内容。有些理解不了的概念，对我也没有任何影响。我很少错误理解词汇。随着技术的成熟，我认为如果趁着年轻，学会更多地依靠听力，对读写困难可能是一个巨大的福利。当我更年轻时，有声书给了我巨大的帮助，但是，如果我能以双倍的速度去听的话，可能就是生活的改变了。”

技术的使用有时会遇到教育工作者和阅读专家的怀疑或甚至唱反调，他们相信技术干扰了教育孩子们去阅读的努力。福斯先生发现，这种态度是严重的误导。“这种过分强调早期的阅读干预，而不重视阅读的其他方面是非常愚蠢的。同时使用治疗和福利是好得多的方法。让我澄清一下，我非常相信发音训练和所有这些训练都有适当的作用，但是，有时您刚好达到了递减点，即在治疗上花一小时所收到的回报，并没有花同样时间在福利上所产生的价值多，而且，从长期结果来看，福利产出得更多。

“我同样发现，接触语言能提高读写能力，这就是您理解和访问文学信息的能力，这与简单地知道怎样去阅读相反。接触语言能提高您的词汇量、您的知识储备以及您找寻所感兴趣内容的能力。例如一个孩子收到了一台‘英特尔助读器’，他告诉我们，‘我使用这个助读器去读游戏《冒险》的规则，发现我的朋友们在作弊！’那个孩子在阅读了规则后，被开除了，因为他总是想去入侵法国（仅是在游戏《冒险》中）并知道了怎样去实施。他已经发现读写——或访问文学作品——就是力量。那就是为什么所有的孩子们应该从视觉和听觉两方面同时开始去接触各种形式的文学和文化信息。”

最近几年以来，越来越多的知名教育工作者已经得出了相同的结论。琳达·卡茨博士（Dr. Lynda Katz）是地标学院院长（Landmark College），地标学院是在佛蒙特州帕特尼（Putney，Vermont）的一个被认可的初级学院。因为帮助有读写困难、缺乏注意力和其他学习挑战的学生成功过渡到大学或专业学校而声名显赫。卡茨博士热情地介绍了她自己所观察到的成千上万的从使用辅助技术中获利的学生。“对辅助技术，我有一个不可思议的偏见。在地标，我们开始时把辅助技术作为福利使用，但是，我认为它们是有治疗作用的——它们的使用提高了阅读功能。我有很多一直使用辅助技术并准备过渡到大学去继续学习的地标学院的学生，当时都有并不需要太多地依靠辅助技术的感觉。辅助设备和它们所带来的对课本的接触，实际上提高了学生们的读写能力，并改善了他们的阅读技能。训练、训练再训练，似乎不是应该使用的方法。”

我们希望，对辅助技术如有声书和文本转语音软件，每一个学校都应采取更平衡和灵活的观点——特别是对仍然在改善解码和阅读流利技能过程中的学生而言。这种治疗和福利双管齐下的方法，给了读写困难学生同等的机会去扩展他们的通用知识库，丰富他们的词汇量，改善他们高阶的读写能力。也可能就如本·福斯和琳达·卡茨已经注意到的，通过提高听力速度来掌握阅读技能。

最后一点是，父母给在奋斗中的阅读者创造一个提高识字率的家庭环境也起到了特殊的作用。研究表明，在家里，参与到重要和挑战主题的谈话中来的孩子们，能更迅速地适应从文字文本中学习的方法。父母应为奋斗中的读者大声朗读需要阅读的材料，并通过接触有关技术如磁带书、文本转语音软件或有价值的纪录影片去帮助他们。

对阅读关键点的总结

·熟练的阅读技能需要解码、流利度和理解力三方面的能力。

·读写困难的学生在建立解码能力方面需要更多的额外练习，最有效的练习涉及语音和语音意识的明确训练。

·虽然有重度声音辨别困难的读写困难者也可以从基于计算机的听力训练中获得益处，但是，基于奥顿一吉林厄姆方法（Orton-Gillingham-based）为基础的实践才是黄金标准。

·基于奥顿一吉林厄姆的方法有各种形式，但在某种程度上，都是通过将学习转化为可记忆的经历获得成功的。所选的特殊的“形式”应该很好地契合一个学生的认知优势（包括 MIND

优势）和兴趣。

· 流利度的训练使用朗读和默读来改善词汇的识别、解决问题和阅读速度。阅读材料应该抓住学生的注意力（常常覆盖一个学生感兴趣的特殊领域），使用直截了当的句子和熟悉的词汇。读写困难学生总体推理的能力也可通过事先给他们讲阅读的内容来开发（通过先给他们朗读段落或给他们一个小结）。

· 一旦文章中单词的障碍被消除，读写困难的学生常常具有成为优秀翻译家的认知优势。

· 除了阅读教学，应该让读写困难的学生利用有声读物和文本转语音的技术，以便他们沉浸在文化信息中，让他们的认知发展能全速前进。

· 较新的技术常常允许“速听”，速听能够极大地提升有声读物的效能和对其注意力的保持能力。

· 对于苦苦挣扎中的读者，父母在将家庭变成鼓励读写的环境中扮演了重要的角色，他们应该邀请孩子们参与有挑战性的交谈，并提供代替印刷品的识字途径，如有声读物、文本转语音的阅读程序或有价值的纪录片。

第二十六章

写　作

许多读写困难者不仅有潜能成为合格的作家，而且还是非常优秀的作家。在上一章中，我们已经向您介绍了几个读写困难者，尽管他们早期在阅读和写作上遇到了挑战，但是后来都成了特别有才能的作家。这种情况超乎想象。

当读写困难者完全发挥出他们的写作才能时，他们成熟的写作能力也恰好反映出很多我们已经描述过的 MIND 优势，包括：能看见事物之间远程的和不寻常的联系；从不同的角度看事情；发现宏观的要点和背景；展示出以场景为基础的记忆和意象；以事例和情景而不是用抽象的定义和归纳进行思考；涉及心理模拟、预测和顿悟方面；能捕获他人常常错过的模式。就一名作家而言，虽然很多读写困难者在二十多岁甚至到更大年龄时才能充分发挥他们的才能，但是，这些才能经常在青春期和青年期的写作中就已经开始显现了。

甚至后来成为非常优秀的作家的读写困难者，早期在学校时，也经常受困于写作中精细特征的描写。这些困难影响了字迹的清晰度和准确度，以规则和发音为基础的基本拼写和语法模式，基础的句子、段落和论文的构造和组织能力，以及在他们的写作中对应该包括或排除哪些细节的判断。对于大多数读写困难者而言，需要更多的时间去流利地和自动地掌握这些技能才能达到其他学生们的水平。并且，也需要更清晰地指导和更多的对样板文章的模仿。

在这章中，我们将讨论帮助读写困难的学生们成为合格的甚至非常专业的作家的步骤。我们将集中在几个重要的写作水平上，以及适当地使用技术和利用能够促进写作能力的读写困难的优势。

手　书

学会怎样手书常常是读写困难孩子遇到的一个主要挑战。在年轻的读写困难学生中，有严重的手书问题是一个普遍的现象。虽然，布莱克·查尔顿现在是一名成功的小说家，但是，当年他也为手书伤透了脑筋：“在特殊教育班里，我写的许多东西都不及格，因为，老师根本看不懂我写的任何东西。”

手书问题能影响每一位读写困难学生，但是，在有重大工作记忆或程序式学习挑战的学生中是最为严重的。用手书写，几乎完全依靠自动、精细的细节技巧。这些技巧允许我们进行正确的空间定位并写出整洁连贯的字母；掌握好恰当的字母和单词之间的间隔；熟练运用空白和惯例（例如大写字母）以及标点符号（例如逗号和句号）的使用。没有完全掌握这些无意识手书技能的学生必须使用有意识的注意力（工作记忆）去完成它们。从而导致更少的“心理桌面空间”被留下来去用于构建句子、组织想法以及查看错误等。所以，他们的工作就充斥着超载的错误——更频繁和更严重的错误发生在字词书写中，引起词汇省略、不准确的词汇替代、不好的句子结构、不恰当的语法和句法以及其他错误。

受困于手书的学生一般需要使用特殊训练（治疗）和辅助设施两方面双管齐下的方法才能得到改善。训练应该从对字母的形成、使用一个明确的程序并应用基于规则的、多感官的方法开始。我们喜欢的程序叫作“没有眼泪的手书”（Handwriting Without Tears. www. hwtears. com），这类似于我们在上一章中讨论过的奥顿-吉林厄姆方法，通过利用空间和动觉表象的优势，以及应用多感官的实践去将指令转换为一个更容易记忆的经历。这种方法经常在学校中使用（有时通过一个学校的职业治疗师来使用)，但是，因为它相对容易理解，父母也可以在家里为孩子使用。

手指协调性特别差的孩子有时应该通过一个职业治疗师的帮助来改善，职业治疗师应接受怎样去帮助有手书问题的孩子们的培训课程。许多读写困难的孩子，特别是那些有程序学习挑战的孩子，表现出有精细运动协调性问题以及在脊柱、臀部、肩部的核心肌群表现出低张力问题，所有这些都导致不能长时间写作业的问题。这些孩子经常能够通过加强核心肌群和精细运动（手指）的训练获得收益。

就如我们在第七章中所讨论的，频繁或夸张地将字母或数字颠倒书写，从而在书写和阅读中的进步缓慢（特别是八九岁后还如此）的孩子必须得到特别的关注。干预应该以每个孩子的MIND优势为基础。由于很多这样的学生都有特别高的M优点(或空间推理和想象能力)，他们的这些才能应该被利用于改善由于字母或数字的颠倒而造成的缺点。让这些学生使用胶泥塑造三维的字母和单词的模型（特别是含有经常被颠倒字母的词汇）常常是有帮助的。他们也可以通过在黑板上书写非常大的（例如超过半米高的）字母或在一个装满沙子或米的盒子里用手勾画字母来进行练习。这些练习使用了大量的运动肌肉（动觉）记忆并且激活了更大面积的大脑皮质，这些都能提高空间定向能力。《真的有独角兽》（*Unicorns Are Real*）和《读写困难的礼物》（*The*

Gift of Dyslexia）这两本书也介绍了这些有帮助的方法。

很多读写困难的孩子似乎都有预设的限制，不能学会整洁和无意识地手书——甚至延长培训时间也无济于事——他们的进步最后都会达到一个止点，此后，很难再有进步。应该理解和尊重达到这个点的学生们，因为这反映出的是大脑的生物结构而不是努力程度。甚至那些最终学会手书并做得很好的学生们，他们在青春期的中后期，或直到成年的早期，才做到了完全自如流利地手书。这也是他们在工作记忆和语言方面晚熟的又一结果。父母和教育工作者们的理解以及能给予他们更多的时间去发展是非常重要的。所幸的是，因为现在有许多优秀的技术可以用来替代手书，所以，学生们不用一直忍受手书的痛苦了。在本章后面部分，我们将讨论这些替代技术。

造　句

许多读写困难者在学习造句时，也会遇到困难。一个普遍的问题是难于掌握语法和句法。而语法和句法说明了词汇是怎样相互关联的以及在句子中的作用。它们包括了以下规则：

- 主语和宾语的关系
- 主动和被动结构
- 时态

· 代词

· 关系从句

· 其他语法特点，如介词、形容词和副词、多重词义和复杂结构

有读写困难的大学生中，有多达一半的人在和语法和句法做着斗争。注意，这仅仅只包括了能进入大学学习的那部分读写困难学生。一般来说，这些学生能够使用简单的“主动主语+被动宾语”的格式，但是，当句子变得更为复杂些时，他们仍然感到头痛。

读写困难领域的专家，常常不能把这些语言问题当作“读写困难”本身的一部分，而是将它们当作“和读写困难相关的语言挑战”。但是，这些挑战非常明显是由神经系统的变异所引起的，这些变异同样也是引起阅读困难的原因。并且，这种轻度的挑战存在于很多读写困难者中，所以我们才对此加以讨论。

这些细微的语言挑战在低年级小学生日常语言功能评估中，常常被遗漏，所以，一份简短的语言评估“健康证明书”并不能将这种问题排除。这种问题在写作中比在口头表达中更明显，写作要求更多的准确性和更多的工作记忆内存。

工作记忆和程序学习的挑战经常引起读写困难者的句子结构问题。波士顿麻省总医院卫生专业研究院（Massachusetts General Hospital Institute of Health Professions in Boston）通信科学的教授，查尔斯·海恩斯博士（Dr. Charles Haynes）是研究与读写困难相关的语言及写作挑战课题的领军人物之一，当我们和他讨论读写困难的学生在写作中哪一步会遇到最大的挑战这个问题时，他毫不犹豫地回答说："实际上，句子是一个被忽略的方面。当老师们在教句子时，他们主要考虑的是句子的结构，但是，这实际上并不是读写困难的孩子们在遇到语言学习障碍时所需要的。这些孩子们常常抓不住一个句子的意义或句子背后的逻辑，所以他们需要去练习的是理解和拟写句子，而不仅仅是结构。"

请注意，怎样把句子作为一个整体去理解它的逻辑或意思，所使用的是自上而下的方法（也就是"段落结构—句子结构—单词"——译者注）。学生首先应从明白句子表达的方式（如去解释或描述）即"上端"开始，而不是一开始就将注意力集中在名词、动词和连词等"下端"。基于我们已经讨论过的读写困难学生的思维风格，这种从上至下或有大局观的方法正是我们所预期的最有效的能帮助这些孩子学习的方法。然而，这种方法恰好和从下至上的方法相反，从下至上的方法一般被使用来教句子结构（例如，从名词开始作为一个句子的主语，然后加一个动词作为谓语，去说明主语在做什么，然后再加另外一个名词做宾语，等等）。

根据海恩斯博士的理论，读写困难学生所需的一个重要的练习是学习在逻辑上与特别的段落相联系的特定的句子格式。就像他告诉我们的："句子，特别是复杂的句子，都有一个逻辑。例如，如果您在一个复合句中使用了词'和'，那么这个逻辑就是：含有'和'的句子意味着您正在讨论相同的事件或按顺序排列的事件。所有种类的句子，都有用来针对某一目的特定的词汇集。"

这些词汇集创造了不同种类的句子格式，例如：关于过程的句子、列出原因或特征的句子、鼓励或说服的句子、叙事的句子以及比较和对照的句子。了解这些句子的格式，对于学生把句子合成为段落是很重要的。"如果您想去构建出一个有说服力的段落，那么，您需要知道怎样去形成一个表达因果的'因为'句子；如果您打算写一个比较对照的段落，那么您需要去构建带有'虽然'和'而'的句子，因为它们表达了比较的逻辑。"

在学生被要求写段落之前，他们首先应该掌握的是在句子层面上的逻辑关系。"如果你们在造句上都觉得很辛苦，那么，你们现有的认知资源就没达到写出段落的水平。段落实际上是把词汇和句子以一种逻辑顺序放在一起的结果，每种段落的核心都有一种句子。如果学生还不能写出段落，那么，我们需要去看看他们是否能写出必需的核心句子。目前，我们遇到的大问题之一就是大多数人想直接跳过去写段落。他们说：'我们国家规定的考试要求孩子们写一篇按时间顺序的个人叙事文或三到五个段落的说明文。'因此，他们给孩子一篇段落模板去模仿，但是，他们忽略了所有组成段落的句子是如何工作的。”

对受困于句子结构逻辑的读写困难学生，应该用自上而下的口述方法来指导他们，而不是一开始就练习写作。首先，倾听句子，让他们在这个过程中辨别句子里含有的不同的逻辑模式（例如，说服、列举、描述、比较和对照）。使用学生感兴趣或具备优势方面的句子能提高他们的注意力和持久力。第二步，要求学生自己讲述一些不同种类的句子（例如，“描述这个……”或“告诉我，为什么我应该……”或“告诉我，你想为你生日做的三件事……”）。然后，在讲述这些句子的过程中，让学生练习弄清这些句子的模式。

只有在学生已经掌握了这些基本的训练步骤之后，他们才应该被要求去写不同种类的句子。再次强调，这个练习的重点并不是要去了解哪些词是名词或动词，而是学习哪些种类的词汇执行了什么不同的逻辑功能。我们在附录 A 里列出了练习这些技能的特殊资源。

段落、论文和报告的写作

从写段落开始入手。一旦学生掌握了分辨和构建不同的句子类型，那么他们就可以写不同类型的段落了。为了构建不同种类的段落，需要学习用恰当的引言句子和结束语句子将每种核心句子连接起来。当学生学会了这几步以后，他们就已经获得了许多写一整篇论文或报告的主要技能了。

在教段落和论文结构时，使用清晰的样板就非常重要了。这些样板应该包括两个方面：对各个步骤有明确的描述以及优秀的段落或范文。在上面已经描述过的听、说、读、写过程也应该被用于段落的构建中。

再一次提醒，大多数读写困难的学生都是自上而下的学习者，所以，当知道准确的目的后，他们会学得很好。从这个意义上讲，很多读写困难学生应该被当作“初学者”，最好的学习方式是模仿样板。也就是说，当熟练的操作步骤被清楚陈述或演示后，他们就能更迅速和有效地掌握技能，比他们自己去琢磨要快很多。

在写段落时，最好有一个优秀的相同类型的段落样板可供他们参考。一个有用的样板和操作指南资源是戴安娜汉伯里·金（Diana Hanbury King）的《写作技巧》系列丛书（*Writing Skills*），它提供了各种段落的优秀的描述以及一个分级培训计划，这些都能帮助读写困难的学生发展所有重要的写作技能。另一个有用的计划是“准备写作”（*Step Up to Writing*），网址是 www. stepuptowriting. com. 它明确地告诉学生，在一个段落或一篇论文中，不同的地方应该包含哪些类型的信息。“准备写作”同时列出了常见的过渡词，以便读写困难学生能够采用并将他们的句子连成段落和文章。

在写作过程中，有读写困难的学生经常为写一个新的句子或段落、打开思路或找到能表述他们想法的词汇而苦恼。当这些情况发生时，他们应该把头脑风暴、充分的准备和先进技术组合在一起来解决问题，就像在阅读中谈到的一样，学生的兴趣和认知优势应该被利用起来。

给写作带来最大的困难是开放式的问题或作文。学生们的创造性经常能被负面的或相反的提示激发出来，也就是说，给他们几乎不赞同的观点或文章，反而能激发出他们的创造力。幽默或愚蠢的提示也经常让学生们脑洞大开。在这个过程中，了解和抓住一个学生的兴趣和优势也是极有帮助的。

特别擅长非语言思考或视觉图像的学生常常通过利用草图、涂鸦、示意图或图形组织技术获得收益。这些可以在纸、白板或计算机上完成。使用正式的“思维导图”（Mind-mapping）技术进行指导和练习，能帮助人们更有组织和更有效率地利用这些优势。顶级的思维导图软件程序之一，灵感（Inspiration）是由莫娜·维斯瀚文（Mona Westhaver）建立的。她自己是读写困难者，设计这款程序是为了满足她自己的需要：“视觉学习特长……允许我随机无序地去捕捉我的所有想法，意味着能让我的多元需求随时冒出来，有很多信息同时流过我的脑海，并跃然纸上，然后，我的所有想法都能可视地呈现在我面前，我就能组织我的想法了。”许多读写困难者都同样从“灵感”或“儿童启示”

(Kidspiration)软件程序中获得了帮助。“儿童启示”是专门为低龄学生设计的图像组织程序。有专门介绍思维导图技术的书籍，如南希·玛居里斯（Nancy Margulies）所著的《勾画心灵空间》(*Mapping Inner Space*)。

有擅长发现高度互联关系特点和以顿悟为基础去解决问题的人们，当他们在没有被预设、没有时间压力并在放松环境下进行头脑风暴时，就能取得最大的收益。非常开放式的提示，如“这让您想到了什么?”或“当我说……时，有什么突然进入您的脑海?”常常很有效。用数字录音机或记录员将学生的想法记录下来，也有助于学生一直保持在创造性的道路上前进。善于叙事的思考者经常从头脑风暴的初始阶段，通过搜寻案例、例子、寓言、传说、神话或带有特别问题的故事或促使他们思考的主题有所收获。在这个阶段，应该允许学生打开思路，自由驰骋。

另外一些在写作项目开始之前，释放学生创造力的方法包括：

·复习用于传递已选定的句子或段落逻辑的词汇。例如，对一个比较-对照的句子，词汇如，与……同时、虽然、但是以及然而，这些词汇都应该被复习到。将这些词汇列成表并打印出来备查，对写作有极大的帮助。在戴安娜汉伯里·金的书中，以及詹宁斯和海恩斯（Jennings and Haynes）的书《写作之源》（*Resources for Writing*）的附录A里都有这些词汇的资源。

· 介词、形容词和副词是各种作文的核心词汇。在着手写作前，也要复习这些词汇。

· 选一些孩子熟悉的特殊地方或风景、事件（牢记在情节记忆里的），或孩子特别感兴趣的一个主题，然后，把它用作孩子将要围绕的写作“背景”。（它同时能帮助去复习一些和这个情节有关的名词和动词。）

· 使用头脑风暴或复习的学习方式，能传递或发现关于一种特殊心情、语调、地点、题目等的词汇。

当学生在写作过程中遇到困境时，请使用以上讨论过的提示。如果学生不能发现所需要的特殊词汇，海恩斯博士推荐一个外在和内在暗示（extrinsic and intrinsic cues）的“等级系列”（graduated series）来对其进行启发，如下所示：

· 外在暗示是在学生不能找到合适的词时，由老师给出的。一个等级提示系统意味着老师只能给学生足够的线索去检索这个词，而不能直接给出这个词。一个等级系列线索包括：

——首先是一张图片

——然后是手势或哑剧形式的暗示

——再者是一个定义

——最后，是第一个读音或字母

· 内在暗示是由自我发起的，正因为如此，从长远来看，它们更有潜在价值。它们包括如想象一个动词的行动或名词的外观、功能、地点或位置、境况、出现的时间。

一般来说，读写困难学生的作文，应该被分成几个小块和不同的部分，每个部分都应该被清楚地解释和展示给他们，然后每次只处理一个部分。

包含——遗漏——正确的细节。很多读写困难者都不了解他们的作文中，应该包括多少和哪些细节。有强大 I、N 或 D 优势的人们，可能会将宽泛或不相关的细节包含进去，因为，他们在想法里常常看见太多的联系和意思。对于这些聚焦或缩小想法有困难的学生，最好事先帮助他们决定好作文的中心思想。一个有用的获得限定焦点的技巧是使用“5W/H”方法，由学生自己确定潜在的问题（例如，谁、什么、时间、地点、为什么或怎样）去回答，以及剔除一些不必要的细节。

另一方面，有特别强的语言意象的读写困难者和/或在词汇检索或语言表达方面特别弱的读写困难者，在作文中又都经常包含太少的细节。这可能有两方面的原因，或者是因为在他们的头脑里，“看见”了太多的细节，以至于忘记了和读者交流过的东西是多么少；或是由于他们要花很大的努力才能将他们的想法变成词汇，以至于在将每件事情写在纸上之前，就引起了他们工作记忆的超载。学生们能通过大声朗读他们的工作或将他们的主题用文字在纸上勾画出一幅记忆图像来改善这些问题。

大声地朗读已经写好的文字，还有另外一些优点。法律教授也是读写困难者戴维·舍恩布拉德已经写了四本在环境法律和立法方面备受推崇的书，他分享了一个说明大声朗读优点的故事："在写作上，我有很多麻烦。高中时，我被要求每个周末写一千字的作文，我很难去完成这个任务。我的父亲是一位优秀的作家，他也只好无可奈何地摇着头离开。我在写作上每日劳作，直到法学院的一个教授要求我们学生写一篇关于法律的短文，而且要以杂志《纽约客》（*The New Yorker*）的文风来写，并在研讨会上大声朗读出来。用这种方式，我们听到了自己文章中的严重错误。最终，我获得了'倾听'文章的技巧，甚至当我们自己默读时。这使得写作是谈话的延伸而不是阅读。真叫人感到欣慰。"

这种"自我证明"方法有一个潜在的限制，因为读写困难作者的大脑常常从最初就"看见了"它所写的就是所想的，而不是实际写在纸上的东西。用一支笔或手指去"勾画"每一个被读的词汇，或请其他人大声读出文字，能克服这些问题。所以，我们在上一章中讨论过这种"朗读"（文字转语音）的技术。

有时，在一些读写困难学生中，我们碰到了另一个令人惊讶的减少细节的原因。这个原因是对学校作文要求的误解。几个读写困难的学生告诉我们，他们把文章写得很短是因为他们不喜欢对老师重复老师已经知道的事情。因此，他们避免复述在学校学到的东西，所以，他们的文章中仅包括课堂上还没有讨论过的信息。这些学生需要去理解学校作文的要点不是去教老师，而是用它去教对该题目一无所知的其他学生。

在往下继续之前，我们想再次强调，绝对没有理由去要求读写困难学生的写作水平能迅速达到写段落或文章的级别。如果一个读写困难的中学生，仍然在学习写句子或单个段落，这也很好。在尝试写更长文章之前，一定要保持住这个水平。很多老师和家长担心，如果这些学生没有较早地掌握文章级别的写作，那么他们将“错过这艘船”。然而，比这个大得多的危险是，读写困难学生在有机会“发挥”他们的天资之前，就完全放弃了写作。在写这本书时，我们采访过的许多读写困难者，在大学时都被他们的老师认为是作文很差的学生，包括获得巨大成功的小说家安妮·莱斯和文斯·弗林，但是他们现在却都是以精心写作为生的。

写作要点：使用技术将想法写在纸上

如同阅读一样，教育工作者也常常不同意和写作做着斗争的学生去使用技术带来的便利。有些人认为，所有的学校作业都必须用手书来完成。其他人允许一些学生使用键盘，但是，否认其他的辅助手段如口授或口试。为了解决这些激烈的有争议的问题，并且考虑到写作的要点，我们的态度可以被清楚地表达出来。

写作让我们以一种容易储存和传递的方式去分享我们的想法。写作通过详尽阐述、解释和发展我们想法的方式，来促进我们的思维活动，比口头表达更能将我们的思想提升到更高的水平。写作也对准确性和清晰度有更多的要求，所以它避免了在结构和概念上含糊不清的问题。而在说话过程中，人们经常会使用面部表情、手势或姿势去完善句子的意思，这样就会带来这些问题。

写作有以上的好处，而最重要的好处是提供了发展和提炼思想的机会，以及它对准确性和清晰度的要求。

很明显，手书并不是获得这些益处的必需条件。只要词汇能被准确地储存和分享，储存这些词汇的物理过程相对来说并不重要。实际上，对于很多读写困难的学生来说，相对于书面交流获得的帮助，手书带来的障碍更大一些。当作者还没有无意识地掌握书写字母、拼写或其他技能时，手书占用了有价值的工作记忆资源，而这个资源能更好地被用在写作中更重要的方面，如构成思想或使用恰当的语法和句法。一再坚持让有手书困难的学生用手写所有的作业是非理性的、无效果的。极端坚持的话，是冷酷的。

这并不意味着，有手书困难的学生就应该放弃提高他们手书能力的练习。相反，有手书困难的读写困难学生应该使用我们介绍过的技术每天练习，以便他们的手书最终成为更无意识的动作。但是，手书还没形成无意识动作的学生，应该将学习手书和书面交流作为两个分开的主题。手书练习涉及写字母、词汇和写作规则的使用，而写作练习则包含构造句子、段落和论述（文章、故事）方面，对有严重手书困难的学生，最好的办法是使用键盘或口述来完成。

对读写困难学生来说，键盘确实带来很多的方便。除了使他们写的文字更易被阅读外，无论是否有手书困难，键盘对所有读写困难者都很有价值。甚至对于打字水平只是中等的人来说，键盘输入比手书需要更少的工作记忆，因此，更多的工作记忆空间被腾出来了，可用于写作的其他方面。剪切粘贴功能也使得编辑和重写变得更容易，剪切粘贴功能对读写困难者来说是非常重要的，因为，他们几乎总是需要去证明或打磨他们的作品。通过减少修订文章所花费的精力，文字处理功能奇迹般地增加了读写困难学生写出令人骄傲的文章，并从老师那里获得高分的容易程度。

具有互动功能的拼写检查文字处理程序，特别是适合读写困难学生使用的专门程序，也是很有帮助的。就像布莱克·查尔顿回忆他的中学时代时所描述的一样：“我得到了一个计算器和一个拼写检查器，并被允许用它们去做每件事情，几乎一夜之间，我的成绩从勉强及格飙升到遥遥领先。”

这些程序不仅帮助读写困难学生减少了拼写错误，而且，坚持使用的话，实际上也教会他们怎样更好地拼写。拼写检查程序一发现拼写错误，就即刻反馈，这一点对于促进持久的改变和学习是最有价值的。拼写检查程序也同时把它们的反馈集中在学生们实际使用的单词上。我们经常看见，有规律地使用拼写检查程序的学生在拼写正确率上有明显进步，而在使用更多的传统字词教学方法时，他们却没有任何进步。

对读写困难学生有特别帮助的拼写处理程序包括：语法检查功能；可以“推测”学生们意欲拼写的单词预测功能；读出重点单词，并表明它们意思的功能；“告诉”学生们所写的东西的文字转语音（或语音转文字）功能。甚至标准的文字处理程序，如微软的 Word 也装备了这些功能，其他程序也被设计为特别针对读写困难者，而且是用户友好型的。我们已经在附录 A 中列出了最好的几个程序。

还有两种很多读写困难者都发现对写作有帮助的技术。第一个是语音转文字软件，让作者对着计算机的麦克风口述，然后程序把他的语音翻译成印刷文字。我们已经发现这些程序对青春期中期之后的人特别有帮助。而更年青的学生一般对着父母、老师或其他记录者都能很好地使用口头表述，但是对着机器表达思想却是一件很困难的事情。

第二种技术形式带有笔记的功能。记笔记对读写困难学生经常是一个特别挑战。录音机长期以来一直是做笔记有困难的学生们的标准选择。最近，一个创造性的系统将特别的纸质笔记本和一个 MP3 录音机合成起来，制作成了一个信息捕捉系统，这个系统允许学生以最少的写作而获得高质量的笔记。很多学生已经成功地使用了这款产品，它的制造商 Livescribe 称它为智能笔。更多的有关智能笔和以上提及的语音转文字工具的信息，可参见附录 A。

最终，这些有帮助的辅助设施必须在学生同意使用它们时才能奏效。不幸的是，许多读写困难学生因为害怕看起来与众不同或被同学们责备为作弊而拒绝使用这些辅助设施。布朗大学（Brown University）的研究生和读写困难支持者戴维·弗林克（David Flink）给我们描述了作为一名青年学生在课堂上使用手提电脑的不舒服感受。“作为一名读写困难的孩子，我总是与其他人不同。那台手提电脑对我而言，仅是多了一个负面的标签而已，让我与其他人的行事方法大相径庭。这使得我感到挫败。虽然，手提电脑带给我能量，但是，也有点自己作弊或破坏了规则的感觉。不过最终，我愿意仍然去‘破坏规则’并且继续使用这台手提电脑，因为做一个有手提电脑的聪明孩子好于做一个没有手提电脑的沉默孩子。我完全知道，我可以选择把手提电脑放在一边，并像没有读写困难的孩子一样去参加考试，但是，我会不及格。”

当读写困难学生抗拒使用这些辅助设施时，重要的是坦率地告诉他们，他们的确有不同于其他同学的需要，而这是可以接受的。使用辅助设施并不是作弊，他们并没有给其他人造成有不公平现象存在的印象。这些辅助设施只是移除了读写困难的学生表达他们已经获知的信息的障碍，这就是全部。适当地利用辅助设施常常是读写困难学生发展写作技能的基础，而且，激发潜能是教育应该有的终极目标。

写作要点汇总

· 学习写作对于很多读写困难学生来说，是一件特别困难的事情，因为，他们经常需要和手书、用文字表达想法，或将词汇合成句子和短语这些事情做斗争。

· 关于手书，读写困难学生经常需要更长期的和更清楚的技术指导，如字的构成、间隔和惯例的使用。利用想象优势和把学习转成难忘经历的多感官程序，在帮助学生们获得无意识的手书技能方面是最有用的。

· 对于手书方面缺乏无意识性的学生们，手书和书面表达应该被作为两个分开的主题对待并进行各自的独立练习。换句话说，手书就是用手书写文字，而想法则应该通过口头表达或键盘来进行交流（对于打字熟练的学生们而言）。

· 读写困难学生因为在掌握语法或不同类型句子的逻辑上有困难，所以经常受困于句子的构成。必须将技能清楚地传授给他们，而且在能够写段落和文章之前，学生们应该首先完全掌握句子的写作。

· 对于阅读，读写困难学生的兴趣和特长应该被考虑和加入到所有的作业中。

· 键盘对所有的读写困难学生超级有用，应该被用来书写高于句子层面的所有段落。键盘不仅降低了写作附加在工作记忆上的负担，而且也提供了有帮助的功能，如大声朗读（能被用来证明作品的完美）、剪切粘贴以及拼写检查，每一项都能极大地减轻修改和打磨作品的负担。对于奋斗中的学生们，使用装备有拼写和语法检查软件的键盘也有教育的价值，因为它对于错误能提供立即的反馈。

· 应该帮助读写困难的学生认识到，他们有不同于很多其他同学的需要，他们理所当然地可以接受适当的辅助设施的帮助。

第二十七章

有一个良好的开始：从小学到中学

有读写困难的孩子从出生到青春期中期，都会面对两个特殊挑战：一个是掌握构成阅读、写作和其他学术技能的基本大脑功能；另外一个是发展一个健康的自我概念以及从其而来的坚强和坚韧的性格。碰到以上两个挑战，需要小心地平衡，因为每一个挑战常常带来相冲突的需求。

例如，没有人会否认，读写困难的孩子一旦被确诊有阅读、拼写和写作的问题，就应该开始去接受强化训练。一是因为在生命中第一个十年的训练一般来说是更有效的，二是因为较早的干预能避免多年的学术和情感困难。这些困难诸如学习成绩不佳、缺乏自信、毫无进步、行为不端和感到沮丧。然而，如果我们将精力过分集中在纠正读写困难孩子的缺点上，那么就可能疏于去培养他们的优点。这是我们目前教育系统最大的问题之一，也是为什么这么多的读写困难学生从小就在学校里感觉特别受伤害的主要原因。

从幼儿园到青春期中期，是发展信心、坚强性格和积极的自我形象的重要开端，决定着输赢。如果一个读写困难的学生，在十四岁或十五岁时，有一个健康的自尊意识，并能客观地接受自己的优缺点，那么，这个学生完全有可能享受快乐而成功的生活。问题是我们怎样能帮助处于这一挑战时期的读写困难的学生，把他们的智力和情感发展引入正轨。

一项进行了二十年，对位于加州帕萨迪纳的弗罗斯特学校（Frostig School in Pasadena，California）毕业生的研究，对这个问题给出了几个解决方案。这所学校专门从事对有学习挑战的孩子（从一年级到十二年级），包括读写困难者的教育工作。在那项研究中，科研人员们鉴定了区别杰出毕业生和苦苦挣扎学生的几个关键因素（按照包括个人满意度、职业成功以及各种关系的几个因素分类）。这些重要的因素包括客观的自我意识和对差距的接受，个人的适应能力如毅力、积极主动性、目标设置、情绪稳定性和一个有效的支持系统。

为写这本书而接受过面谈的很多读写困难者，当被我们问到对于情感和职业成功，他们认为最重要的因素是什么时，都给出了相同的一些回答：包括韧性、信心、正面的自我形象、客观地接受个人奋斗和伴随读写困难而来的学习上的短处。同时，也非常在意个人的优势和有特殊兴趣的领域，家里和学校环境的支持，以及一个有益的朋友圈子。

所有列出的因素，大致可以分为两个种类：内部支持和外部支持（internal supports and external supports）。让我们来逐一说明。

内部支持

当读写困难者学着去了解和使用他们个人的优势时，第一个内部支持就是发展他们的信心和对自我价值的意识。每一位和我们交谈过的成功的读写困难者都提及，在他们最艰难的学习阶段，利用和发展他们所具备才能的信心是非常重要的。很多人也谈到了让他们的才能被世人认可的重要性。

这些才能是各种各样的，但是它们大多数更容易在课堂外而不是在课堂内展示出来。很多才能（虽然不是全部）反映了我们已经讨论过的 MIND 优势。例如：詹姆斯・罗素和兰斯・海伍德愉快地体验了电子设计和器件制作；兰斯的儿子丹尼尔和詹姆斯的孙子克里斯托弗非常喜欢用乐高建造精心设计的项目和机器人；杰克・劳斯说参加童子军的积极经历和从大自然学习“使我获得了更多的自信”；道格拉斯・梅里尔和安妮・莱斯列举了他们讲述故事专长的重要性；布莱克・查尔顿认为运动和戏剧“是我保持自尊的唯一之路”；文斯·弗林喜欢体育运动和国际象棋；本·福斯提到体育锻炼和学生组织；格伦·贝利也谈到体育运动和他对自己幽默感的欣赏；莎拉·安德鲁斯和戴维·舍恩布拉德提及了他们获得的在艺术方面的奖项。

我们接触过的读写困难学生一般都具有相同的能力和兴趣。他们最普遍的一些兴趣包括：自然、动物、摄影、摄像、动画片制作（手绘或电脑绘制）、艺术、机器人技术、乐高拼图、讲故事和创造性的写作、辩论俱乐部和演讲比赛、国际象棋俱乐部、科学俱乐部和展会、收集、游戏、飞机、汽车、摩托车、游艇、电子、物理、音乐、手工制作、商店、发动机、园艺景观、舞蹈、运动、发明、设计、时装、滑板运动、单板滑雪、剧场、武术、电脑、侦察、宗教青年团体、放风筝、文学兴趣（神话、幻想、科幻小说、历史小说）、历史（喜欢军事史的特别普遍）以及通过有声书籍去获得一般或专业知识。

我们列出这些兴趣和活动的目的是想让您了解一些读写困难学生可能有的兴趣范围，通过这些，他们能够体验自信和成功。根据孩子的兴趣和能力，可以安排参加合作或者竞争性质的活动。如果是竞争类型的活动，那么发现匹配他能力的挑战就很重要。不要指望每个人都能成为天生的运动员、艺术家或音乐家，但是，需要明白的一点是卓越的能力并不是成功的关键。把孩子们送进学霸较少的环境，在那里，他们能和相同水平的其他人竞争，让他们获得信心的同时也能收获技能和经验，才是有效和重要的。我们已经看到，很多读写困难的孩子在强调个人纪律而不是精英比赛的武术课上茁壮成长。拳击练习，都是在实力相当的孩子们中间进行的，所以说，相配才是恰当的竞争。

加拿大企业家格伦·贝利（Glenn Bailey）分享了一个找到正确的环境来获得技能是多么重要的故事。“当我还是一个孩子时，在西温哥华打冰球，我认为自己打得很臭。但是，当我们搬到人烟更加稀少的温哥华岛的那一年，当地恰好开放了一个新的冰球比赛场，我成了其中一个队最好的球员之一，因为它是一个‘新市场’，其他人对此运动知之甚少，有些人甚至连冰都不会滑。所以，我进了温哥华岛全明星队里打球，我们在全岛旅行比赛，激发出了我所有的信心。几年以后，我回到了西温哥华，在那里，我也是最好的球员之一。这仅仅是一个信心问题，也同样适合读写困难者，因为他们的根本问题常常是缺乏信心，而这是他们在课堂上遇到的失败所引起的。信心是生活中的一切。”

我们在上一章中认识的查尔斯·海恩斯博士作为一位语言学家、研究者和学校的老师一直和很多的读写困难学生和成年人在一起工作。他总结了关注孩子优势这种方法的重要性，呼应了格伦的观察。“读写困难孩子的优点需要被早日认可并得到支持，特别是在他们需要帮助的时候，越早越好。他们需要与相信他们优点的人有较早的积极的接触和互动：既能看到他们的优势方面，也能看到他们需要帮助的一面。要适当地庆祝和宣传他们所取得的成就——并不是以一种不切现实的或人为的方法，而是以一种合适的和真诚的方法。当读写困难的孩子经历了成功和被社会认可后，他们就有信心去处理所遇到的困难了。”明白这种在成功、信心和动力之间的联系，对于准备去教育和培养读写困难孩子的人们，是极其重要的。

第二个内部支持是乐观的态度和对光明未来的坚定信心。读写困难学生一直处于被明显的自卑感所淹没的危险中。每天，他们都被能快速和有效掌握技能的同学们、在考试和作业中获得更高分的同学们、能写出更整洁和更长的文章的同学们以及能更快完成考试和作业的同学们包围着。读写困难的学生不仅觉得他们被甩在了后面，而且看见了和同学之间正在加速增大的差距。面对这些一直都存在的负面阻碍，读写困难学生非常容易对将来失去希望并进入一个自我否定、容易失去动力、达不到目标以及出现行为和情感机能障碍的消极循环中。

心理学家马丁·塞利格曼（Martin Seligman）在几本经典书籍如《这个乐观的孩子》（*The Optimistic Child*）和《真正的快乐》（*Authentic Happiness*）中描述了一个悲观心态是怎样发展起来的及其所引发的问题。根据塞利格曼所说的，反复遭遇失败的人经常体会到无力感。这导致他们将自己的问题归结为是永久的（或不可改变的）、无处不在的（不仅存在于失败发生的领域而且也存在于生活中的各个方面）和个人的（或由于他们自己的一些缺点，他们就认为是不可避免的或甚至应该被惩罚的）。当士气低落（甚至临床抑郁症）减少了动力和努力时，这个悲观的诠释框架就成为固执的自以为是的预言，这导致了进一步的失败而且也成为悲观主义的证明。

所幸，塞利格曼同时也指出，一个乐观的诠释框架是能够被教导和学习的，所以它能够代替悲观的诠释框架。乐观的框架认为失败的原因是临时的和变化的，而不是永久的，只是针对某一特别的项目而不是遍布人生的方方面面，并且和个人价值无关。

我们发现，向读写困难学生传授乐观的框架能帮助他们以更多的方式理解和处理与读写困难相关的挑战。这就告诉了读写困难者们，他们所遇到的挑战是暂时的和可以战胜的（既使用治疗和技巧，也使用辅助设施），也只局限于某些特殊功能（且伴随着收益），挑战是由大脑组织特殊的模式和功能引起的，而不是读写困难者们没有努力引起的或应该承受的。当他们完全明白这些道理后，就能出现不一样的结果。

深受过去经历打击的人也能够通过临床心理学家以及接受过认知行为方法培训的治疗师的帮助，而获得改善。这些方法是通过教导学生改变他们的诠释结构以及用他们的经验去更有效地处理挑战来产生作用的。

应该鼓励读写困难学生现在就进行实践并为将来做好准备，

而不是沉湎于过去的失败中。他们必须不惜一切代价避免过去的失败，但他们感到束手无策，所以我们应该将注意力转移到让他们获得技能，避免再犯同样的错误上。

另外一种鼓励读写困难学生专注于将来的方法是让他们定期准备现在和未来可以实现的目标清单——在挑战和优势两个方面的。在弗罗斯特学校的研究和很多我们采访过的对象中，设定目标被认为是一个重要的因素。例如，我们已经提及过，杰克·劳斯的创造一个“完美的野生指南”的动机是怎样支持他走过了多年艰难的研究的，格伦·贝利在商场上的成功是怎样得益于长期坚持追逐设立的目标的。

第三个是元认知（metacognition）训练。能帮助读写困难的学生发展一个更乐观的内部支持，即“对认知的认知”。他们能够从学习理解读写困难头脑的不同中获得满意的收获。如果他们认识到读写困难者具有不同的思考和处理问题的风格，他们的发展具有晚熟的倾向，了解了有才能的读写困难者的生活经历，那么，读写困难学生有可能去采取一个更乐观的和更坚定的观点去看待事情。理解和接受他们的特殊需求和能力，能帮助读写困难的学生站在一个更正面的立场看待自己，也将帮助他们以一个更积极和能结出丰硕成果的方式鼓励自己。

当决定去进一步了解读写困难时，格伦·贝利很好地总结了他在实践中获得的好处。“我较早就明白了，‘因为不能摆脱它，所以最好去了解它’这个道理。因此，我决定去‘拥抱这头野兽’，研究读写困难。我对它进行了全面的了解，以及研究怎样最大限度地去利用它，和怎样为它感到骄傲。我获悉的确有无以计数令人惊奇的读写困难者以及所有的似乎和读写困难并存的令人惊奇的创造能力。我真正想去做的一件事情是去帮助有读写困难的人们——包括我自己的几个孩子——意识到他们拥有的这些可以奉献给这个世界的伟大的东西。这也是我回报社会的礼物。”

外部支持

对于读写困难孩子而言，来自父母、老师和学校环境的正确支持，对他们拥有一个良好的开始非常重要。

我们很多的受访者都充满感激地谈到，在他们自我意识形成的最重要的那几年也是最容易受伤的阶段，父母所给予他们的极大支持。布莱克·查尔顿说，父母对他努力学习，甚至成绩不好时的认可和赞扬是多么的重要。企业家道格拉斯·梅里尔回忆起，在整个高中时期，妈妈辅导他学习数学所花费的无以计数的时间。人权倡导者本·福斯强调他父母将更多的注意力放在他所能做的，而不是他所不能做的方面。“从小，我的父母就想尽办法去寻找我的优势所在，并鼓励我去发挥这些优势，他们一开始就告诉我可以用与众不同的方式做事情。我认为这给了我充分的自由去用不同的方法学习知识。”上法学院期间，福斯先生的妈妈也一直继续给他的作业提供帮助。福斯先生给我们描述了他怎样把作业传真到家里，然后他的妈妈在电话里大声朗读他的作业以便于他找到错误。演讲教授杜安·史密斯（Duane Smith）称赞他的父母教导他对将来保持乐观。“我一直记得父母对我无条件的爱。直到今天，他们仍然是我最忠实的粉丝。他们一直相信不知何故，在某种程度上，我会有所成就。虽然他们并不知道会发生什么，但是，他们总是让我感觉他们知道总有一天，我会成为我自己。”

老师在塑造我们受访者们的自尊上也起了一个重要的作用。我们早前提到过的杰克·劳斯对他两位高中老师的感激之情。正是因为这两位老师认识到了隐藏在他作文表面错误背后的思想深度，才改变了他的一生。

杜安·史密斯也谈到了一位非常特别的老师所起的重要作用。在最终遇到能够发现他特殊才能的这位老师之前，他正在社区大学做第四次努力。“在课堂上，我做了一个演讲，她看着我，并说‘你的演讲太棒了’，这是我上学二十一年来在学校收到的第一个表扬，它充满了力量。那句话成了我内心的圣歌：每当我做演讲，感到挫败或工作超负荷疲倦或怯场时，我就重复‘贝蒂说你是最棒的，你是最棒的……’如果不是因为那个老师，我绝不会加入演讲队，我可能会是一个酒吧招待或推销员，继续在洛杉矶跑来跑去，或每天晚上在夜店闲逛，谁知道我现在会在哪里呢!”老师们绝不能低估哪怕仅是一句真诚赞美的话给读写困难学生所带来的巨大鼓舞和激励。学生们是如此渴望赞扬，甚至最轻微的鼓励都能够创造奇迹。

发现一个支持教育的环境。去发现一个对每个读写困难孩子都适合的教育环境也是必要的。在不同的智力和情感培养环境中，读写困难的孩子们行为表现差别很大，所以，没有一个单一的，能很好地适合所有读写困难孩子们的教育“尺寸”。因而，帮助每个孩子找到“最好的学校”或“最好的老师”是一件非常重要的事情。

一般来说，学生自己对特殊教育的反应是最好的教学质量检验标准。在一个良好适合的环境里，读写困难孩子遇到了挑战，但是如果这些挑战和他们的个人需求、能力以及发展状态相适应，并且他们每次都能取得一点点进步，那么就能达到目标。当读写困难孩子被这种小心创建的模式挑战时，结果通常是正面的。一个简短的，但是本质上不可避免的挫败和沮丧阶段之后，孩子开始有所进步，这种进步树立了孩子在接下来的缓慢增加的挑战中取得胜利的信心。

相反，当读写困难孩子遇到的挑战太大，那么他们的挫败感就会持续，他们就可能出现诸如压力和焦虑、愤怒、消沉、不当行为甚至临床抑郁的情况。如果长期处于这种挑战压力之下，这些反应可能就会成为孩子情感和行为的一个持久组成部分。需要记住的是神经系统对待焦虑和抑郁就像它对待任何其他“技能”一样：您应用得越多，就“越擅长”。例如，您越是“应用”压力，那么您就越不能摆脱它们，而且您感觉有压力的时间就越长。压力在学习上也有很大的负面影响，因为，它减少了工作记忆、注意力和动力。这就是为什么把孩子放到他们感到有慢性压力的环境中，在情感上是有害的，在教育上是达不到预期目标的原因。

为了更好地理解在学业上我们给读写困难孩子所施加的挑战，让我们来想想年青运动员们训练体格的方式。我们会让运动员从较轻的负重开始去建立他们的优势，然后，在进步和发展允许的情况下，逐步增加他们所承受的重量。我们绝不可能一开始就让一个七岁的孩子去承担三百磅的负重并希望由此产生优势。这样做的结果，轻则引起挫败和失败，重则带来严重的身体伤害。让人吃惊的是，我们给读写困难孩子承受不了的学术负担，却希望能够得到更好的结果。我们给他们过分的要求，然后，当他们变得挫败、焦虑、散漫、无聊、抑郁、任性或过激时，我们就表现出惊愕。他们的这些反应是不可避免的，但是，错在我们而不是他们。

就像我们在这本书中所展示的，读写困难孩子已经“被设置好了程序”去很好地发展，但是，是沿着与其他孩子们不同的道路并以不同的速度前进。试图去扭转和修剪他们，以便让不同类型的学习者去适应我们已设计好的教育方式，既是有害的也是不合理的。

读写困难学生需要一种专门为他们设计的教育方法，一种花费更多的时间提高他们的优势，同时减小他们的弱势的方法。除了帮助他们学习如何阅读和写作外，他们也需要一种教导他们对事物感兴趣的教育环境。不幸的是，我们妄想让他们在越来越小的年纪去掌握基本的技能。我们经常用年青学生们感到最困难的各种死记硬背和程序性任务去填满他们的一天又一天。结果是，他们的日子成了丝毫没有被减轻的挫折和失败，不久，他们的动力和自信就消失了。

利用我们这个世界的精彩信息去平衡基本技能训练，对读写困难孩子来说是必要的。有些“主流”学校在这方面做得很好，如果在课堂上给予孩子们额外的帮助并让他们借助适当的辅助设施，去解决所遇到的挑战，那么在这种学校环境下，他们的学业表现会非常优秀，随之而产生的坚韧性格和强大的自信也让他们能很好地处理和班上其他同学之间的明显差异。

然而，对于那些一直感到气馁并总是在意和同学之间所存在的差异的孩子们，留在传统的课堂上，在情感上可能是毁灭性的。那些因为阅读和写作问题而来到我们诊所的小学低年级学生们，表述了他们想死和自杀的想法，而且有这个想法的学生数量百分比之高，令人震惊。在年龄更大一些的学生当中，这个数字更是惊人的高。这些情感脆弱的孩子们，在和其他有同样学习挑战的孩子们同处一组时，他们常常做得好得多。有几个我们的受访者谈到，他们从早期特殊教育班里度过的几年中获得了额外的信心，在那里，他们被认作是相对成功的学生。

对一些学生来说，就读为读写困难或有其他学习挑战的孩子提供的专门学校，应该是一个好的选择。戴维·弗林克（David Flink），领导了一个著名的非营利的针对读写困难的导师项目，该项目被称着“认同项目”（Project Eye-to-Eye）（我们将在下一章中介绍），在项目中，他讲述了在一所专为有学习挑战的孩子设立的学校学习所获得的收益。“在五年级，我最终被诊断为有读写困难，我开始就读于专门为学习障碍孩子设立的学校。在学校里，我得到了一个学习的机会，这个经历帮助我认识到被打破的不是我：而是这个被一直用来教我的东西被打破了。我绝没有改变，但是，教我的方式改变了。这种认识给我带来了彻底的改变。在学校两年里，我学会了如何去阅读……这是一个和书本进行令人吃惊的融合的过程。当我离开那所学校时，感到充满了前所未有的能量。”

有许多提供给有读写困难和其他学习挑战的孩子专门教育的优秀的私立学校，在我们的读写困难网站上列有这种学校的名单。有些普通教育的私立学校，如果能提供灵活的或个性化的，符合学生自己节奏的替代教学方案，也可以为读写困难学生提供良好的学习机会。

现在来谈谈家庭学校。我们已经看到一些在家上学的读写困难学生茁壮成长的事例。具备适当知识和富有激情的父母有时能提供教育孩子所需的全部东西。但是，在较难的领域如语音和写作，只有聘请家教才能达到目的。家庭学校给读写困难学生提供了很多的好处。它避免了和同学比较个人进步所带来的压力；它允许有更多的时间集中精力对特殊的兴趣进行深入探索；并允许偏科的孩子在能力允许的情况下，追寻更先进的研究。现在，信息量巨大的互联网，使得在家里也能进行很好的学习。更多家庭学校的信息也被列在我们的网站上。

最后，我们想再次强调，必须高度重视读写困难孩子对他们所处学习环境的反应。决不能武断地判定对某一门课程或课堂表现出抵触情绪的孩子是在逃避和偷懒。孩子们渴望成功，学习和成长是他们的天性。如果他们拒绝我们所提供给他们的东西，这种拒绝常常是一种当他们感觉到成功是不可能时，用来避免失败的防卫形式。但是，当被提供一个适当的成长环境，并且成功既能被达到也能被表扬时，大多数的孩子们会用更大的主动性、更多的努力和兴趣表现作为回应。在入校的初期，这种回应很重要，能帮助他们有一个好的开局。

怎样去帮助小学生和中学生

· 在早期，让读写困难孩子发展一个健康的自我概念与发展他们基本的阅读和写作技能同样重要。

· 通过内部和外部支持的正确配合，能培养出一个健康的自我概念。

· 内部支持包括：

——从关注和发展优势而得的自信。

——乐观精神（或乐观的诠释框架）和对光明未来的坚定信念。

——了解自己大脑的工作方式，包括什么是读写困难大脑功能的特殊性和唯一性。

· 外部支持包括来自父母、老师们和学校环境正确的关心。

· 必须为每一个孩子提供适合的教育环境。所有好的环境都会提供可行的、并且伴随着进步递增的挑战。

· 如果读写困难的学生并没灰心，那么对劣势的弥补必须通过参与优势方面的工作和兴趣来平衡。

· 孩子们自己的反应是平衡是否已经达到的指示器，也是是否处于正确环境的标识。

· 大脑对压力的反应就如同其他的“技能”：被“应用”得越多，压力就会越大并越持久。必须给予在学校里表现出有强烈压力信号的孩子悉心的照料。

第二十八章

在高中和大学里茁壮成长

对读写困难者来说，从青春期中期到成年早期也是很重要的时段。在这段时间里，他们必须对自己的组织、学习和重要的生活选择逐渐担负起责任。

在此期间，他们面对的最重要的选择之一是进入大学学习还是参加工作。在这章中，我们将聚焦于选择了上大学的孩子们所面临的挑战。下一章中，我们将讨论和工作有关的问题。

培养大学所需的技能和支持

计划进入大学学习的读写困难学生，在高中时需要做两件重要的事情。第一件事情是应掌握在大学里取得成功所需要的技能和支持。

学习及学习技能。读写困难学生的第一要务是获得发现和应用理想的学习方式的能力。一个人的理想的学习方式是由他的四个关键学习元素综合决定的。这些元素是信息输入、信息输出、记忆力（或模式处理 Pattern Processing）和注意力。

信息输入指的是我们吸取信息所用的方法。有些学生获得信息的最好路径是聆听并很擅长记住他们所听到的事情，而另外的学生通过聆听则什么也学不到，而且觉得老师的课堂讲解就是浪费时间；有些学生（甚至有些读写困难学生）最好的学习途径是阅读，而另外一些学生则从印刷品上什么也没有学到；有些学生能通过视觉呈现的信息大有收获，而一些学生必须把信息转换成文字才能记住；还有些学生最好的学习方式是通过与信息之间实在的互动或者通过探索来学习，而另一些学生却认为活动反而使他们分心。每个学生都必须发现最适合他自己的方法，然后，使用这些方法将信息接收进来。

信息输出是指我们解释或交流信息所用的方法。有些学生口头表达能力非常强，并且很容易通过交谈来表述他们的思想，而其他学生更好的交流方式是把他们的想法写下来；有些人通过使用视觉或结构呈现，如图表、示意图或工作模型，才能最好地表达他们的思想。发现作业要求与输出优势相符合的良好的教育环境是必需的。

第三个学习元素是我们在第十六章中讨论过的记忆力，了解记忆力对确定理想的学习方法是如此的重要以至于我们在此将再次讨论一些要点。在这里的讨论中，您可以参考第 146 页的图，它展示了记忆系统的结构。

记忆可分成两个主要部分：工作记忆和长期记忆。工作记忆就如您的电脑中的随机存取储存器（RAM），也是目前使用中的信息所在，因此，它能被迅速地访问处理。工作记忆有视觉、口头和空间/动觉三个分支，不同的学生在每个分支信息量的掌握程度上表现出巨大的差别。知道了他们最擅长的工作记忆分支，就能帮助读写困难的学生将信息转变成适合他们个人的形式。例如，具有强大视觉工作记忆的学生能把所有种类的信息都转换成视觉表现，如图表、图形、图标、图画或思维导图；有强大听觉口语工作记忆的学生可以在一个较小的工作记忆空间里，利用关键词或首字母缩略词去掌握更大数量的信息；有强大空间/动觉工作记忆的学生能将空间中的动作或位置作为“定位钉”将信息保留在脑海里。我们在《贴错标签的孩子》一书中，仔细讨论过这些记忆手法。

重要的是去认识有工作记忆劣势的学生——包括很多读写困难者——也能通过使用外部记忆的帮助或“替代储存设备”卸载他们的工作记忆。这些帮助包括：关键术语词汇表；用卡片显示公式；展示解决一种问题的步骤或这种问题被解决的几个例子；

写出句子或段落类型的名单（已经在第二十六章《写作》中讨论过）；“要做的”项目清单；或其他组织方法和我们已经或正在讨论的技术。使用正确的策略去卸载工作记忆以及利用其他认知优势，工作记忆的限制就不会引起严重的问题。

记忆的另外一个主要分支是长期记忆，长期记忆也能被划分为两个分支：程序式记忆和事实（或陈述式）记忆。就如我们讨论过的，程序式记忆帮助我们自动掌握过程、规则和死记硬背等机械任务，因此，我们不需要有意识地去思考它们或使用工作记忆。在读写困难者中普遍存在着程序式记忆效率低下的问题，但在利用工作记忆的同时，使用合适的策略和辅助设施去卸载程序式记忆，就可以预防出现的问题了。这些策略涉及规则的学习和应用、完成复杂作业的过程，以及包含可用信息的记忆辅助工具。

事实或陈述式记忆也能被分为两个主要的部分。第一部分是情节或个人记忆，我们已经在第十六章中详细描述过了。这是个人亲身经历，或想象经历过的记忆。典型的是，情节记忆是作为想象的情景被回忆起来的，这个想象的情景是使用个人经历的点点滴滴在大脑里被重建起来的。

事实记忆的第二个部分是语义或客观记忆，包含的信息形式与具体经验无关。语义记忆更像抽象的定义而不是具体的例子。

就如我们较早时写到的，我们大多数的但不是全部的经验表明：读写困难者喜欢情景记忆超过语义记忆。了解一个学生所喜欢的事实记忆形式，能对他的学习产生巨大的帮助。例如，当读写困难者以故事的形式描述事情时，无论这些故事是真实的或幻想的（如布莱克·查尔顿应用奇幻叙事代表周期表），有强大情景记忆的学生常常能更好地记住这些事情。当有强大情景记忆的人根据案例或例子，而不是根据抽象的或无关联的定义思考时，他们也能更好地记住信息。相反，当我们把特殊的例子归结为一般原理或基本主题时，喜欢语义记忆的学生们就会非常好地记住它们。

注意力，第四个系统元素，常常被说成是一个单一的功能，但是，它实际上是不同子系统的复杂合成。在某些情况下，很多读写困难学生在注意力的某些方面会遇到极大的困难，所以，为了解决他们挑战领域的问题，让这些学生了解注意力是怎样工作的就显得非常重要。

注意力的关键成分之一是我们已经讨论过的工作记忆。在对工作记忆要求很高的任务中，工作记忆容量相对小的人群（包括许多读写困难者），在记忆方面经常有些失误。实际上是他们在经历注意力方面的一个崩溃，因为他们的工作记忆正被淹没。这种工作记忆超载和注意力崩溃也经常发生在程序式记忆无效的人群中，因为，他们不得不比大多数人更多地使用有意识的聚焦和工作记忆去完成任务，由于这些任务还不能被他们无意识地去完成。

注意力系统的其他关键元素包括持续注意力和选择性注意力。持续注意力即保持长时间专注一项任务的能力，而选择性注意力是指专注一件事情并抵制分心的能力。对注意力有严重影响的因素是动机和兴趣、性格（特别是对挫折的抵抗），以及信息输入和输出的难度。

因为很多读写困难学生在专注不同种类的，或不同格式的，或不同环境中的信息的能力表现出了巨大的差异，所以，了解注意力是非常重要的。通过优化学习形式和环境，读写困难学生能极大地改善他们的注意力和学习能力。

当所有这四个学习元素——输入、输出、记忆和注意力——以上述方式被优化后，对学习的影响的确是戏剧性的。我们在《贴错标签的孩子》这本书中，详细地讨论了这些学习元素和它们能被优化的方法。

阅读和写作。就像没有必需的装备就不应该去垦荒一样，没有如何处理在阅读和写作上不可避免的问题所需的计划，读写困难学生就不应该上大学。读写困难学生应该在高中时就开始制订这个计划，包括两个步骤：一是培养阅读和写作的技能，二是熟悉将在大学中帮助他们获得成功的辅助设施和技术。我们已经各用一章的篇幅讨论过阅读和写作，此处不再赘述。但是，我们强烈鼓励所有准备上大学的读写困难学生去认真准备有关材料，并且发展这些技能以及落实技术援助和其他辅助设施。在高校中如鱼得水的读写困难学生都是在问题发生之前就积极防范的。要知道，在忙碌的大学学期中，经常是没有时间去处理这些挑战的。

组织和管理时间。能组织好时间并高效地利用时间也是在大学中获得成功的重要元素。传统上，保持有组织有计划的方法，如清单、白板、每日计划手册和桌面便笺，都是有帮助的。甚至更有价值的是，日新月异的先进科技也给如今日益增长的“依附电脑”的学生队伍提供了电脑或手机或电脑桌面定时器等的提醒信号，这些都能帮助提高时间意识并有益于集中精力处理事务。这些有科技含量的设施都列在了附录 A 里。其他设备也能在 Lifehacker 网站（www. lifehacker. com）或我们网站（http://dyslexicadvantage. com）上查到。

同龄人的支持。随着学生们的成熟，他们和朋友的关系成为越来越重要的支撑和自尊的源泉。不幸的是，在我们的受访者中，仅有一部分读写困难者在高中或大学，得到过其他读写困难者的支持。大多数的受访者把那些年归结成是孤立和孤独的时期，因为他们被“主流化”到普通的教室里，并且没有办法和其他读写困难学生相互辨识出来，所以，他们感到不仅和其他读写困难学生分开了，而且通过学术竞争，还被从“正常”学生中分离出来了。

然而，我们的受访者之一发现，因为在大学里遇到了其他读写困难学生的支持社区，他的生活从而变得非常美好。他生活的主要使命已经发展为支持其他读写困难学生了。戴维·弗林克描述了他在学校的早期生活：“孩提时代，我记得自己总是感觉孤独。我觉得自己是个哑巴，直到五年级，被诊断为有读写困难。我对印在纸上的词语无任何感觉。然后，到五年级，我被诊断出来后，才开始到为有学习障碍的孩子提供的专门学校上学。”

那所学校教戴维怎样阅读和写作，两年后，他回到了普通教育课堂，在那儿他再次感到了孤立。那种孤立的感觉一直持续到他作为布朗大学的一名新生为止。在布朗大学，他的生活以一种他从没有想象过的方式开始发生改变。“在布朗大学注册之前，我从不知道有学习障碍并且真正聪明的人在哪里，因为我所了解的所有有学习障碍的人根本没有自尊，他们完全不会自觉聪明。”

但是，在布朗大学，戴维发现了一个既聪明又有读写困难和ADHD的人组成的完整社区。“布朗大学开学的第一周，学校障碍办公室召集所有有学习障碍的学生开了一个会，在那个会上，我遇到了一群特别的人。我们立即抱团并开始一起在周围四处闲逛。我们都迅速地意识到了同一件事情，那就是我们都被一种或其他方式告知：大学并不适合我们，但是，我们却都在这里了。因此，我们创建了被我们戏称为‘LD/ADHD Mafia’（为了学习障碍/注意力缺失/多动症）的社团。它是我们自己的一个‘秘密社团’，我们互相分享礼物和才能，并在需要的时候相互支持。

这个社团帮助我们认识到我们没有被打碎，但是，这个系统被打碎了。接受我自己是一个有学习困难的人的身份，但以正面的方式使用这个身份，这点对我来说是非常的重要。那就是我怎样第一次认识到读写困难可能是一个优点的故事。”

戴维和他的朋友们从他们的社团获益匪浅，他们开始认识到，其他有学习挑战的学生也能够从相同的社团获益。基于这些认知，“认同项目”诞生了。这是一个戴维和读写困难者以及“Mafia”成员乔纳森·穆尼（Jonathan Mooney）共同发起的非营利组织（www. projecteyetoeye. org）［乔纳森·穆尼也是名为《线外学习》（*Learning Outside the Lines*）一书的合著者。该书已经成为有学习挑战且准备进入大学学习的人的经典资源］。它是一个良师益友计划，有学习挑战但是已经成功知道怎样去学习的大学生与正受困于学习的中学生结成对子的项目。这样，年长的学生能够带着建议和鼓励去对中学生提供更精准和有效的支持。就如戴维谈到的：“我们意识到，非常重要的事情是回过头去告诉更年轻的学生们，他们也能成功地进入大学学习。当你在大学时，帮助更年轻的人能让你冷静的思考：你只不过是在教育上超前于他们而已，当你真正去到他们中间和他们说，‘你能和我们一样’时，你就是他们眼前活生生的例子，这给了他们无穷的激励。去指导这些孩子并给他们一个和目前所收到的消息完全不同的信息，这个过程难以置信地改变了他们的生活，同时也改变了我们的生活。”

自从戴维和乔纳森成立了“认同项目”，这几年来，该项目已经迅速发展壮大。目前，在全美四十所大学和大专有分会，并随时有新的学校加入进来。甚至在没有分会的学校里，老师、管理者和读写困难学生都能从“认同项目”中了解到在读写困难学生们中建立社团的重要性。

申请大学：给读写困难学生的建议

当读写困难的学生决定读大学时，就应该小心计划并按策略行事。有些计划早在中学就应该开始实施。以下几个重点应该牢记在心。

有正确的理由，在正确的时间，选择正确的大学。读写困难学生应该尽可能现实和客观地选择他们的大学。应该评估每个大学对实现进一步目标所能提供的帮助，而不是把能进入一个特别的学校作为目的。

影响选择学校的因素。对大多数读写困难的学生来说，在大学里成功和失败之间的距离非常短，就是一步之遥。所以，与学校是否将提供必需的支持和服务相比，学校的名气、家庭传统或社会生活，都应该排在次要位置。在申请学校时，读写困难学生应该诚实并坦率地告知招生人员他们的需要，并认真评估收到的学校回复。能给读写困难学生提供良好环境的学校，都有一个明确的支持系统。

校园参观也是重要的一环，能核实现实中的校园和网页上的华丽介绍是否一致。有读写困难的学生应该和残障资源中心的职员直接对话，也应和至少一位，最好是多位与中心有合作的读写困难学生直接对话。

一个好的资源中心应该提供技术支持，诸如文本阅读器或录音机、帮助获得教室辅助设施、帮助理解和记录笔记、协助提高组织能力、提供助教、校对论文、对时间安排和指导老师提出建议并协助与其他读写困难学生建立联系。读写困难学生也应该询问教职员对使用辅助设施一事的态度（特别是打算申请的专业）。如果一所学校在以上的方面，没有连续的和马上就能展示的帮助记录，最好放弃它。读写困难学生更愉快的校园经历几乎总是来自于不怎么出名的，但更致力于帮助他们成功的大学里，而不是出名的但很少帮助他们的大学里。

有特殊残障服务办公室的学校名单可以通过“美国教育指导中心”（American Educational Guidance Center，www. college－scholarships. com/learning _ disabilities. htm）获取。很多读写困难学生在罗伦·蒲柏（Loren Pope）的两本书《改变生活的大学》（*Colleges That Change Lives*）和《超越常春藤联盟》（*Looking Beyond the Ivy League*）中也能找到关于学校的有用信息，这些

学校专注培养那些需要更多个人联系才能茁壮成长的学生们。

对于准备就读四年制大学的学生，还有一个问题是：选择去上一个较小的私立学院还是一个更大的（典型的是公立）大学。我们的看法是，对读写困难的学生来说，每个大学都有它的优势和不足，哪个更合适，取决于学生个体的特殊需要。但是，无论如何，以下几点是应该考虑到的：

为了满足学生的要求，更大的学校常常有更少的标准和更多的选择。灵活性越大，能提供更好地满足学生需求的课程和老师的机会就越多。学校越大，也越能提供更多的带学分的独立研究和实习项目的机会，这就允许学生少选一些课程。越大的学校也越倾向于提供更多面向实际职业的训练课程，这种面向“真实世界”的做法，也能吸引一些读写困难学生。

与之相反，较小的学校常常能提供一个更大的社区意识，这意味着学生“掉队”的可能性很小。学生和老师有更多直接的互动，班级规模也常较小，这两个因素促进了更多的你来我往的讨论以及个人对个人之间的相互学习，而这些正是很多读写困难学生所喜欢的方式。

另外一个区分大学校或小学校的因素是考试类型和所给的作业。较大的学校一般班级规模更大，也就意味着更多的标准考试（常常是多项选择）和较少的论文。较小的学校一般是相反的模式，会要求更多需要写作的考试和论文。不同的学生喜欢不同的风格，但是在选校时，了解一个学生更喜欢哪种风格是有帮助的。

何时开始上大学。可以高中毕业之后立即进入大学学习，也可以晚些时候再去上大学。因为，很多读写困难者的发育较迟缓，所以，一些最终在大学里如鱼得水的学生在十八岁时并没有准备好。一些还没有表现出专心、主动、富有动力的学生，在十八岁进入大学成为全职学生之前，可以先从事几年的工作，或作为半职学生，或在军队服务，或旅行，或加入一个服务机构等在实践中获益。这些经历能经常帮助学生思考职业计划以及去发展个性并成熟起来。许多学生发现，他们很享受工作并在实际工作中表现优秀，远远胜于学校的课程。

一些读写困难学生，上大学之前的过渡期是逐步的而不是一次到位的。很多读写困难学生发现，高中一毕业就承受全部的大学压力有些吃不消，但是，一半或四分之三的压力是可以接受的。这些学生发现，作为半职的大学学生，也就是延长到六或七年多毕业的模式非常适合他们。那些聪明的有能力完成高水平工作，但是仍然受困于沉重课程压力所要求的速度或组织能力的学生，在半职学习模式中，从一开始就表现得非常优秀。

从高中到进入四年制大学的逐步过渡期，也可以选修大专课程。这对那些对核心兴趣范围之外的课程就不愿意去学习的学生是特别好的选择。大专允许这些学生去选他们需要的、专业以外的入门级难度的课程。在大专，竞争和分数的压力都不大，而且他们每学期还可以选更少的课程。读写困难学生经常很享受在较少竞争的大专环境中，选修入门级的课程或调查类型的课程。因为，这些课程伴随有需要泛读的书单、使用的方法宽而浅，并强调细节记忆——他们最薄弱的技能，而不是掌握宏观的概念。如果在四年制大学里学习同样的课程，那么他们的身边都是一些能克服沉重学业负担的“好学生”，对读写困难学生来说，压力将会特别大。很多大专也提供网上课程，这样就更容易和他们的上班时间平衡。

在进入传统大学之前，仍然需要提高学术和组织能力的读写困难学生，可以去读设有专门帮助读写困难学生项目的大专来获益。第一所获得认证的、专为准备进入大学学习的读写困难学生而设立的大专，是位于佛蒙特州帕特尼（Putney，Vermont）的兰玛克学院（Landmark College. www. landmark. edu）。兰玛克为读写困难的大学预备生提供多种课程和在更高水平的教育中获得成功的基本学术技能，包括提高阅读和写作能力、执行能力和组织能力、自助能力以及辅助技术的使用能力。超过一半的兰玛克全日制学生先前已经在其他大学学习过，在那些大学里，他们也一直在和课程做着斗争。在兰玛克，注意力集中在建立让这些学生再转回四年制大学学习所需要的技能上。有些学生在兰玛克只学习了一个学期或一个暑假，但是，许多人参加长达两年的课程。在兰玛克，学生修读的学分可以转到大学去。

另外一个专注读写困难和其他学习障碍学生教育的大学是位于佛罗里达州利斯堡（Leesburg，Florida）的灯塔学院（Beacon College. www. beaconcollege. edu），就如兰玛克一样，灯塔学院除了提供四年制艺术学士学位外，也有两年制的艺术学位。

相对于有些读写困难学生，在进入大学前需要额外的准备而言，有些能力强的读写困难学生却发现大学比高中更容易而且更有趣，他们一入大学就如鱼得水。一般来说，这些学生自觉性很强、有追求目标的强大心理和家庭的良好支持。我们已经访问过的，哈佛天体物理学家马修·施凯莱普斯博士就是其中之一。他参加了让纽约城市高中学生成为纽约城市大学（City College of New York）预科生的项目。马修说："这为我打开了一个世界。我突然从高中考试中走了出来，高中考试仅考察你能记住些什么东西，而这个项目关心你的想法以及你怎样能把它们融合在一起。因此，从高中系统中走出来对我非常有帮助。"很多聪明的读写困难学生发现大学比高中容易，因为大学提供了更大的自由去聚焦个人的优势领域，避开弱势领域。最后，很多大学提供了比高中更好的残障支持服务，对这些学生来说是大学的一个明显的优点。

申请大学前，应获得一个正式的诊断。为了在入学考试中或学习大学课程时获得辅助设施的支持，学生必须要得到一个正式的有特殊学习障碍的诊断。这个诊断必须来自一个已经通过心理教育测试的合格专家。为了在入学考试中得到辅助设施支持，心理教育评估一般必须在入学考试日五年之内进行。

被大学入学考试管理组织接受的考试、诊断和专业人士的信息可以在网站 www. collegeboard. org 和 www. act. org 上获得。一般，这些组织要求一个 IQ 测试（如 WISC-IV）和一个成绩测试（如 WIAT-III 或 WJIII）。我们已经发现，很多聪明的读写困难学生在阅读速度或标准成绩测试里的更简单段落的理解上没有表现出障碍，但是在 SAT 或 ACT 考试中阅读更复杂的段落时会出现困难。我们还发现，纳丹二氏阅读测验（Nelson-Denny Reading Test）能更好地预测出这样的问题，应该对所有九年级及以上的学生都进行这个测试。其他几个不常用的、记录重要执行力和处理问题速度的子测验提供了特别的帮助，包括 WJ III NU 这类决策制定、视觉匹配和成对消除的入学测验，是需要更多的测试时间才能将读写困难学生的能力检测出来的。

在学校建一个辅助福利的记录。获准在入学考试中使用辅助福利之前，管理这些考试的机构（美国大学委员会和 ACT）需要学生要求学校提供的和学校已经提供的辅助福利的档案。这份档案必须包括一份在过去十二个月中被高中批准的正式接受计划。这些组织也需要知道学生第一次开始接受这些福利的具体日期，如果这名学生最近才开始使用福利，这些管理组织一般不会给回复。这就是为什么尽早得到诊断和建立一份辅助福利计划是如此重要的原因。

选择正确的大学入学考试。在美国，两个主要的入学考试是SAT和ACT。SAT考试是由美国大学委员会（College Board. www.sat.collegeboard.com）提供，主要是评估一般的大学入学资格，而ACT（www.act.org）是分辨学生在某一科目中已经达到的学业水平，包括英文、阅读、数学和科学推理。有些读写困难学生会偏爱某一种考试，但我们还没有发现哪种考试对哪类学生更有吸引力的固定规律。我们建议学生在SAT或ACT的网站上或购买的考试复习书中，把每种考试的样题都做一做。

入学考试辅助福利。取决于一名读写困难学生所有的挑战类型，在入学考试时，就需要选择不同辅助福利的帮助。建立在特别审查基础之上，考试管理组织能提供给学生的辅助福利帮助包括延长时间（一般是考试规定时间的一倍），提供阅读器和书写器（帮助阅读和记录答案），允许在试卷上而不是答题纸上写答案，允许使用小房间，延长或更频繁的休息时间，在写作考试中，允许使用电脑，使用有更大图文的试卷或答题纸。根据学生提供的档案来批准能使用的福利种类。对于需要使用福利帮助的学生，考试组织建议至少在考试日之前九个月提出申请。如果有些学生第一次的要求被拒绝，为了获得福利帮助还可以进行申诉。这一点对于在家庭学校学习的学生尤其重要，一般来说，他们缺少一份正式的学校辅助福利记录。对于感到福利要求被不公平拒绝的学生，可以求助于律师帮助进行商谈。学生家庭也能从 www. wrightslaw. com 网站上获得有关权利和法律资源的信息。

考试和准备。不熟悉考试程序和试题格式的学生，在考试的高压氛围下，可能会经历混乱或出错。因此，读写困难的学生应该事先做一些模拟考试，以便学会适当的应试技巧并熟悉考题的类型（和不同问题中所含话语的类型）。因为这些入学考试并不是只允许考一次，所以，最好不要等到最后一天才进行第一考试，要留足多考几次的足够时间。

读写困难学生，怎样在大学里茁壮成长

大学对读写困难学生们来说，是一个特别的挑战。大学几倍于高中的挑战包括：

· 更多的阅读量和写作量

· 对写作的要求更高

· 没有家庭和朋友每天的支持

· 从熟悉的环境（很多要求和过程已经被掌握）过渡到新的不熟悉的环境，以及与之相伴的新的和不熟悉的要求

· 同学的选择面扩大了，很多同学来自于不同高中的最好的学生

许多读写困难学生发现大学里的头两年是最困难的。在这些年里，他们必须修读与他们的优势或兴趣并不匹配的课程，至于原因，我们已经描述过了。

另外一方面是大多数读写困难学生发现，当他们度过头两年进入专业课学习后，他们开始表现得很优秀。那就是为什么读写困难学生必须尽全力避免被大学头两年 100－或 200－水平的课程——特别是专业之外的课程——破坏他们达到自己最有可能闪闪发光的教育阶段的机会。

课程选择。小心选课是在大学头几年存活下来的第一要务。读写困难学生应该事先仔细调查所有要上的课程，以确保自己和这些课程有良好的契合。课程和他们的优势和兴趣匹配得越好，他们成功的可能性就越大。

要记住的最重要的因素是课程本身。是否感兴趣，并能激发起必需的动力？它是否能很好地适合学生的思考优势——包括学生的 MIND 优势？它聚焦在宏观信息还是细节？它强调概念或原理的理解和应用，还是需要死记硬背事实和反刍？它呈现信息的方式是用故事或是用一个大的相互连接系统中的一部分，还是只简单地告诉许多信息碎片并很少尝试把它们连接在一起？

就如我们已经提及的，读写困难者的大脑常常擅长大局面推理而不是掌握细节。因此，寻找强调一般概念的课程而不是要求准确记住细枝末节的课程就显得非常重要。例如，宏观经济学和微观经济学在这点上就极为不同，就如同强调日期、次数、条约、姓名等的历史课与强调历史理论或政治科学的课程的区别。无机化学也是如此——要求用大量的记录去跟踪元素和原子核的重组——和有机化学完全不同，有机化学倚重的是空间推理。当读写困难学生修读含有大量反馈、模棱两可、不确定、需要解决问题、预测和最佳拟合推理的课程时，能在这些研究复杂和动态系统的课程上取得好成绩。

甚至即使课程本身和他们的优势契合得很好时，由于老师使用的教学方法不当也可能使课程不适合读写困难学生。有些大学老师能把内容明显是关注宏观的课程转成强调细节的课程，因此，学生应该调查每位任课老师是否之前已经教过某门课程，如果是的话，他的教学方法是什么。学生们也应该在诸如“评估我的教授”（Rate My Professors，www. ratemyprofessors. com）等网站上查看教授的排名和对他们的描述。

以前上过同一门课的同学也能提供关于这个老师教课的条理性和组织性的信息，这是第二个要点。一门似乎很符合学生兴趣和天资的课程，如果老师的教学方式不匹配学生的要求，也有可能仍然配合不佳。当学生忙于应付组织、笔记或老师的讲座时，他们就不得不依靠老师的条理性和组织性去确定他们已经获得的重要信息。

第三个要点是呈现重要信息的格式。这包含需要事先弄清的条目（例如，一门课需要读多少本书或几页书；作业的格式和怎样才能清楚地用文字完成作业；如果必须的话，是否能通过记录语音的磁带或数码格式学习课本内容）和可利用的资源，如教学大纲、笔记记录服务、博客或包含着评估学生所有信息的视频。对于在记录笔记或听课注意力方面有困难的学生，这些是特别需要考虑的因素。

第四个关键因素是学生被评估和分级的方式。找到课程使用的评估方式和学生具有的优势相符合的课程是极其重要的。学生们对口头陈述、实践项目、论文写作、多项选择考试、论文考试、课堂参与和讨论等评估方式各有所好。虽然学生已经掌握了信息，但是如果评估机制不允许他们去表达他们所知道的，那么，他们仍然有可能不及格。

第五个因素是老师对辅助福利和读写困难的态度。查看残障学生办公室并直接和将来的老师对话，能很好地感觉到一个老师是否会尊重和对待读写困难的学生们。不幸的是，在这一点上，老师们的态度有天壤之别。

第六个也是最后一个因素是学生个人对学科的热爱程度。当在学习中遇到挑战时，来自于刺激和愉快的课题带来的额外动力是非常重要的。当学生非常喜爱一个专题时，就能全力以赴地投入到学习中，而它也能用奇妙的方式改变学生。对一个专题的热情承诺是怎样改变一个苦苦挣扎的学生的例子来自演讲教授杜安·史密斯。

“在发现演讲和演讲比赛之前，我对生活中的任何事情都不感兴趣——因为，我没有理由去专注于任何事情。在写作中，我缺乏精力集中。我第一次开始在演讲队享受一些成功后，我给了演讲队的头儿一份演讲初稿，他看过之后，却严厉地责备了我，我感到震惊。他告诉我：‘在这份稿子中，没有一个完整的句子，而且没有组织结构。如果你不能将你的想法组织成适当的文字，那么你只是可以在观众面前看起来很好，仅此而已。’他对我很严厉，因为他明白，我想偷奸耍滑而不是通过努力取得成功。他也知道没有实实在在的埋头苦干，我不会走得很远。这对我有巨大的影响，因为当时我已经拿到了几所大学的奖学金，但是我的指导教练说：‘如果这些学校知道你的 GPA，他们就不会和你谈奖学金了。你的 GPA 需要至少达到 3.0。’现在回头看看，我一生中学业上都是失败的，我真的想能有机会告诉自己，我拿到过全奖；我真的想能够告诉我的父母，我一直都想专心上课并按老师所说的去做。对于我来说，虽然这些都很难，但是，我尽力提升了我的 GPA，最终我获得了公众演讲的全额奖学金。

“所以，实际上是演讲让我振作起来的。演讲比赛中对结构和纪律的要求，适合生活中所有方面。”

承担太多：过分勤奋的风险。很多读写困难学生在大学中遇到的一个困难是勤奋过度。布莱克·查尔顿描述了他在大学里出现过的情况："当我一进入耶鲁大学，我就肯定我不属于这里，我肯定会失败，所以，我必须非常勤奋努力。我几乎不离开图书馆，我每日都处于恐慌状态。甚至当我被选为美国大学优等生（Phi Beta Kappa）时——实际上，甚至他们给我这个证书之后——很长一段时间里，我还仍然梦见我错过了一门考试。"

本·福斯（Ben Foss）也讲述了一个相同的过分勤奋的故事，但他的例子是在校外的过度努力。"在大学里，我在核心学业，即阅读和写作中苦苦挣扎，因此我需要在其他方面获得成功。所以，我参加了学生事务委员会、学生杂志、小朋友课外项目和对艾滋病组织募捐的工作。当时，我表面上看起来就像是个'热心校园事务先生'，但其实那时候，我备感孤立和孤独，因此，我用参加过多课外活动的方式来丰富自我形象。读写困难者有这样一个渴望，因为，早期学校生活，使您感觉像是在沙漠中，您被渴望成功的欲望烤干了，而您周围的每一个人都带着各式各样的赞誉来来往往。所以，当您最终到达水源时，您就只是喝喝喝，超过了实际上您应该喝的量。

"甚至大学毕业后，我也做了同样的事情：在斯坦福大学，我读了法律和商务的双学位，在外人看来，'哇，斯坦福的法学和商学双学位，您肯定没问题'。但是，实际上，反过来才是对的。我在法学院的第一年就有问题，而且我去住院了。我随时带着磁带播放机和书，并一天在图书馆待 14 个小时，而且想一直持续下去，这真让我崩溃。我的第四第五腰椎间盘破裂，我居然仍然还去上课，没有停止，因为我有不能停止的心理。所以后来我不得不休学住院，并忍受如此之多的神经损害，我感觉不到左脚的存在。所以，后来我悟出了答案：不能只是更努力地学习，而是要更聪明地学习。如同一个坐在轮椅上的人，自己不能依靠双肘上楼，需要使用坡道。”

如果第一次没有成功。在刚上大学的头几年，很多读写困难学生的学业普遍很艰难，但最终都取得了成功。因此，起初的失败并不意味着最终的失败。很多非常成功的读写困难人士，当年也是经过多次努力，或转学到其他更适合他们的学校后才拿到大学文凭的。如果高中毕业后，让他们有时间去成熟成长或做进一步准备，他们可能会做得更好。总之，如果一名读写困难者致力于去获得大学文凭，需要做的仅仅是仔细计划、讲究策略以及坚持，毫无疑问就能达到目的。

对高中和大学学生的总结

· 读写困难学生能为准备进入大学所做的最重要的事情之一是找到适合他们的学习方式，即所谓的理想的学习方式。这由他们最好的信息输入方式、输出方式、记忆力和注意力组成。通过向认知优势领域灌输信息并远离弱势领域，读写困难学生就能最大限度地、快速地、有效地学会和理解知识。

· 在高中时，打算读大学的读写困难学生就应该着手：

——制订一个切实可行的提升阅读和写作能力的计划，来满足大学中对阅读和写作的要求。

——学习组织和管理时间的方法。

——建立并发展和其他读写困难学生之间的友谊，以便相互理解和支持。

· 应该选一所以帮助学生达到将来目标为基础的大学，这所大学能坚定地使用良好的装备去帮助读写困难学生取得成功。

· 希望申请大学的读写困难学生，应该早点去进行正式的诊断，以及在高中建立一个辅助设施福利的记录，并从入学考试服务处申请考试福利。

· 大学申请者一般被要求参加 SAT 或 ACT 考试，读写困难学生应该两种考试都去研究一下，以便知道自己更喜欢哪一种考试模式，并熟悉考题的风格。

· 一旦被大学录取，读写困难学生在选课上要非常注意，避免给自己过分的压力，要最大限度地使用残障学生办公室提供的服务。

· 在大学低年级遇到困难的学生，绝不能认为自己不是"上大学的料"。应该分析引起困难的原因；尽力去改善自己的弱点；采用适当的策略进行学习和考试。如果有必要追寻其他梦想的话，也可以晚些时候再返回大学学习。

第二十九章

在工作中出类拔萃

对于读写困难者来说，现在在工作中获得出类拔萃的机会比以前更多了。先进的技术已经使得他们更容易获得印刷信息、用文字表达他们的思想并能保持条理性和计划性。伴随着自我了解、自我宣传、外部支持、坚持和仔细规划，读写困难者能有信心追寻任何他们感兴趣而且胜任的职业。

在这章中，我们将集中精力在下面三件事情上，因为这三件事情能使读写困难者在工作中大放异彩。第一，发现一个很适合他们的工作；第二，逐步使工作更合适自己；第三，获得其他读写困难者的支持和建议。我们也将同时讨论是否告诉雇主或同事们，自己有读写困难这样一个难题。

合适的工作

对于读写困难者而言，最合适的工作有几个普遍的特征。首先，它们使读写困难者发挥了优势同时避免了缺点。就如我们讨论过的，许多读写困难者擅长宏观推理或洞察总体特征、“轮廓”、实体或思想的含义。能最好展示这种能力的职业或职务基于他们拥有的MIND优势，能较好适合读写困难者工作的总原则包括：解决棘手的问题、发现并解决问题、修理东西、提出新想法、考虑被忽视或没有被发现的事情或讲述故事（例如销售、咨询、辅导、广告、企业）。我们在附录B中列出了非常适合读写困难者的职业名单。

相反，读写困难者常常很难进行细节处理和无意识地掌握常规步骤或机械记忆。所以，他们不能适应以下类型的工作：紧张重复的、有效的、连续的、注意细节的、要使用步骤的、应用固定规则的或需要日常处理的任务（特别是涉及操作和使用书面符号的文员工作）。

读写困难者也还有其他的能用来找寻适合他们工作的强项。虽然他们受困于学习，但是他们所具备的实用优势，例如，拥有一份工作档案、一份参考列表、一组专业或个人联系等，都能帮助他们在工作中获得成功。做初级工作、在部队或在志愿者组织里上班，都可以收获这些技能和经验。对特殊领域有浓厚兴趣的人，也可以通过先做一段时间的志愿者或实习生，在工作中展示出他们的能力，并被公司认可后，再转为正式员工。个人关系，如先前的老师或领导，甚至家族企业或联系人的介绍，也能帮助找到一个好工作。

适合读写困难者的工作的第二个特征是能与他们的兴趣紧密结合。每个人都会把感兴趣的和喜欢的工作做得更好，而读写困难者常常特别依靠兴趣来带动他们尽心尽力。相反，当工作不能引起他们的兴趣时，他们时常会表现不佳并难以保持注意力。这大多都是需要死记硬背或无意识技能的日常工作，这些工作要求读写困难者付出更多的注意力。保持高度注意力，这对他们是一件很困难的事情，除非是一件非常有趣的工作。当工作变得更有趣并且心情更愉快时，一般来说，读写困难者会迸发出更大的创造力和行动力。

和工作相关的兴趣有两种：内在兴趣，或者是对工作本身的兴趣；外在兴趣，即工作所带来的兴趣，如记忆、状态或达到了个人的目标。两种兴趣都能帮助一个人全身心地投入到工作中。理想的状态是，读写困难者应该寻找合成了两种兴趣的工作。作为企业家、亿万富豪和读写困难者理查德·布兰森总结了他自己的职业之路："我愿意做喜欢的事情，并愿为之付出代价。"这句话其实是为他们自己而说的。

适合读写困难者的工作所具有的第三个特征是关注结果而不是方法。很多我们的受访者提到，在执行任务时，他们经常按自己的设计而不是按常理出牌。例如，超过一半的受访者告诉我们，他们不会按课堂上教的方法去解决数学问题，而是使用非传统的但更能使他们有感觉的方法。这也是在我们诊所的读写困难者中常常能看到的现象。强调简单重复的工作不适合读写困难者的一个重要的原因是他们对不按常规行事方法的偏爱。（请回忆莎拉·安德鲁斯和她上司的争论，她的上司希望她使用窒息创造性的方法去做创造性的工作。）

相比之下，允许灵活度的工作能够为读写困难者打开成功之门。读写困难者经常为日常任务设计新的方法，如新的能够节约时间、人力和费用的方法，并且能提高每个人的产出。学习专家安吉拉·福塞特博士（Dr. Angela Fawcett）评论道："我认为读写困难者能从掌握程序的困难中获得的利益之一是，每次他们都不得不从基本的原理开始，重新思考任务，来代替完全无意识地、不用思考就可去执行任务。正因为他们不能依靠这些无意识的技能，所以他们就不会被规则限制，因此他们能在规则外进行思考。相比他们受困于规则，我认为，这反而能帮助他们进行更有创造性的思考。"

同样，读写困难者常常发现带灵活性的工作任务比起那些刚性和固定的工作任务来说更适合他们，因为灵活性的工作更能让他们发挥长处。有时，更小和更新的公司能提供更大的灵活性。残障者权利倡导者本·福斯告诉我们："一般，大公司侧重一致性，而小公司侧重可变性。公司越大就越难打破规矩。有时，在较大的公司中，您也能发现灵活性，但是，前提是该公司有一个专门处理变化的系统，允许灵活性的存在并适应人们的需要。"

有迹象表明，这种灵活性经常在一个大的组织结构中，在最高层附近或最底层附近更容易被发现，但是，在中层却是缺乏的。朱莉·洛根教授（Julie Logan）发现虽然很多大公司的CEO是读写困难者，但是在这些公司中，中层经理有读写困难的却不到百分之一。

这并不意味着在公司中，读写困难者不可能获得提升，但是这的确说明了在公司的中层职位上，他们做得好的可能性很小，除非公司给予特别关照，分配给他们适合的工作。本·福斯强调，必须单独评估每一个可能的雇主提供必需的灵活性的能力，以便让读写困难者在公司中能够生存。有些大公司，如他先前的雇主英特尔公司，尽管如此庞大，但仍然有专门的管理部门来保持它的灵活性。道格拉斯·梅里尔也告诉我们，支持思考模式的多样性是他作为Google公司首席信息官的主要目标之一。道格拉斯在选择工作习惯和得心应手的技术上，尽力去给雇员们最大可能的灵活性。当一个公司表现出这种灵活性时，该公司应该很适合读写困难者。

当然，没有一个雇主提供的灵活性能多于自己给自己提供的，这也是为什么如此之多的读写困难者自己开办企业的一个原因。但是，就创建一个公司而言，我们已经观察到，一般读写困难者会带领更小的、更年轻的、更灵活的和更有创造性的公司取得更多的成功。

提升工作配合度的步骤

选择了一个似乎很合适的工作之后，读写困难者应该努力工作，通过积极追求机会去最优化工作环境、向主管和同事自我宣传、建立合作关系、抓住成为领导者的机会，以及使用技术去最大化他们的生产力。

很多读写困难者特别擅长发现被其他人忽略的机会，并积极主动地利用这些机会。朱莉·洛根教授把这种能力作为在她研究中观察到的读写困难企业家最普遍的特征之一。

我们也在受访的很多读写困难者中发现了这种能力，并不仅仅是在商业领域。天体物理学家马修·施凯莱普斯告诉我们："我引以为傲的一件事情是我非常擅长利用机会。如果我看见一件对我有用的事，我就会想我怎样能让它物尽其用，并为我所用。"由于这种能力（以及我们后面将要讨论的强大的自我宣传技能），使马修能在过去三十年中，在同一个公司里享受四个完全不同的职业带来的乐趣。

作家文斯·弗林提供了另外一个很棒的读写困难者发现和积极主动追寻不同寻常的成功之路的例子。他坚信他的第一部小说《任期限制》（*Term Limits*）可以吸引大量的读者，虽然他遭到超过60次的出版商的拒绝，但是文斯仍然决定自费印刷2000本，然后自己到购物中心的一个摊位去销售，此举让这本书登上了当地畅销书名单。之后不久，文斯和纽约的一个大出版商签订了合同。不久之后，《任期限制》也成为文斯12本连续畅销书中的首本书籍。

学校出身并对自己和将来有恰如其分正面看法的读写困难者，在打算去做的事情上，常常具有非凡的抗压能力和自信。朱莉·洛根教授在评论她研究的读写困难企业家具有的这些特性时写道："在学校时，学习去处理和解决遇到的所有问题给了读写困难者'可行'的方法，他们将这些方法带入了所有新的局面中。他们明白，他们能把事情玩得转。"

然而，在获得证明他们能圆满完成事情的机会之前，读写困难者常常必须让其他人相信他们并给他们一个机会，这就需要自我宣传。自我宣传就是有能力去说出"这就是我所擅长的——这就是我认为我能做出的最好贡献"这句话。自我宣传涉及劝说、谈判以及讲述一个让人信服的关于你自己的故事的能力。许多读写困难者从一入学就开始宣传自己，因此，他们很擅长自我宣传——而且经常自己没有认识到这点。洛根教授评论道："我认为，很多读写困难者都没有认识到，他们和人打交道的能力是多么的强。甚至在我们指导项目（我们马上要讨论的）中的读写困难者，他们并不是都在职业生涯中取得了成功，但是，他们的确擅长让他们的指导老师为他们做一些事情——甚至连指导老师都没有预料到。他们有这种让其他人为他们做事的惊人能力。这是他们真正应该学习去如何使用的东西。"

事实上，我们的许多读写困难受访者都强调了学会和合作伙伴或团队好好合作的重要性。道格拉斯·梅里尔告诉我们："用多样性武装自己真的很重要。有很多迹象——包括我已研究过的——带有多样性的团队倾向于产生更好的结果。"但是，他也谈到，形成良好的工作关系并不总是容易的，它需要小心地沟通。"在 RAND，有一位研究人员，从长期的观点来看，他并不很出色，但是在做细微工作时表现却很优秀，因为我们都擅长做不同的事情，所以，我努力去和他建立一种现行的和研究工作有关的关系。不幸的是，因为我不善于正面描述他所做的事情，所以，最后我还是冒犯了他；因为他听见我说'我比你更聪明'，但我并没有这样说过。当你和合作伙伴在一起工作时，确认他们听见你所说'我们擅长于不同的事情，这非常好'，是非常重要的。"

如果时机合适，读写困难者也应该愿意在团体和伙伴中扮演领导角色。洛根教授发现，和她工作过的许多读写困难企业家都具有使他们特别适合进入领导团队的非常好的人际交往技能。“商业实际上就是管理人，管理团队和处理出乎预料的事情，这些是读写困难者在他们生活中每天都要做的事情。他们总是不得不通过谈判来解决困难，因为丢失东西，或在错误的时间出现在错误的地点，他们不得不制作新计划。所以，长此以往，他们反而发展了很多技能，如代表、管理和激励人心——所有这些都是重要的领导才能。”

最后，读写困难者能够通过使用技术来提升他们的生产率，从而能在工作中如鱼得水。特别有价值的是帮助他们去组织、阅读（文字转换为声音）和写作（声音转换为文字，以及特别是读写困难友好型的文字处理程序）的设备。我们在附录 A 中，列出了这些设备的名单。

从其他读写困难者处获得支持和建议

与读写困难同伴的关系对读写困难者也有巨大的帮助。有一个大的研究机构记录了读写困难者在学校常常经历的自卑感和孤独感。只要读写困难者一直不和有同样经历的其他人交流，这种感觉就会持续下去。

本·福斯分享了他在英特尔公司的故事。“当我们刚开始着手英特尔阅读器（Intel Reader。一种便携式的文字转换为声音的阅读器）的工作时，一位图像设计员跑来找我，他非常神秘地对我说：‘我只是想告诉您——您不能告诉其他人——我是一名读写困难者。’现在，我发现这绝对是令人兴奋的事，因为这名设计员是截瘫，过去二十年都在轮椅上。然而，他担心人们会认为他做不好工作的原因是读写困难而不是截瘫。当我和他谈话后，才了解到因为读写困难，他连三年级都没有毕业，他为此一直耿耿于怀，尽管在英特尔他是一位非常成功的设计人员。所幸，他有机会和一位读写困难的同事谈论这些，这对他有实实在在的帮助。但是我不能过分强调，读写困难者的这种孤独感觉是多么的强烈。”

因为这种孤独感可能会是很严重的，所以和其他读写困难者的关系就尤其让人觉得放松和富有力量。就如福斯先生所说的：“当您遇到另外一名读写困难者时，就如你们是相遇在一个新大陆的移民，你们立刻知道对彼此来说都重要的事情，以及来自同一个国家的经验是让人难以置信的强大。”

福斯先生对于在读写困难者中建立社团的观念已经使得他成立了一个名为 Headstrong Nation（www. headstrongnation. org）的同伴会员组织。福斯先生解释道：“除了学校特殊教育班级之外，读写困难者需要能聚会的一些地方。为了隐藏的孤独感觉、学习如何使用福利设施的需要以及获得实用的工作建议——让所有这些经验都能得到分享，因此，我们为什么不一起去分享它们呢？这就是 Headstrong Nation 努力去做的事情。”

我们非常赞成把读写困难者团结在一起的观点。在我们的 Dyslexic Advantage 网站上，读写困难者——以及他们的家庭、朋友们、关心他们的专业人士们——都能发现重要的信息并有一个社区的感觉。在这个网站上，我们已经发布了许多杰出的读写困难人物的视频访谈、课程回顾、学校、教育软件、技术设备、针对不同职业读写困难者的论坛以及针对父母、教育工作者和其他人的更多资源。

另一个对读写困难者有价值的支持形式是：其他奋斗着的或已经成功的，并做着相同工作的读写困难者的建议和引导。不仅是在刚参加工作时，而且是在遇到困难时。在过去两年里，朱莉·洛根教授和“英国读写困难协会”（British Dyslexia Association）、“读写困难苏格兰”（Dyslexia Scotland）以及“卡斯商学院”（Cass Business School）一起，为了已经参加工作的成年读写困难者，开始在英国（United Kingdom）建立了一个师友计划。洛根博士向我们这样描述这个计划：

“基本上，我们把在职业生涯中非常成功的读写困难者和另外一位遇到同样问题并需要支持的读写困难者连接成一对。一开始，我们估计大多数向导师请教的读写困难者可能在二十多岁——刚获得第一份工作或刚从大学毕业。但结果是，多了很多年龄更大的申请者——几乎是我们预计的两倍。在英国，一个最小的原因是人们在很晚才发现他们有读写困难，所以，他们参加我们的计划，因为他们认识到，‘现在，我知道了我的问题所在，也许我能得到帮助，也许我能继续我的职业’。

“他们总是处于奋斗状态中，因为他们总是一再重复同样的错误。例如，一名总在这个循环中的女士：因为她极低的自尊感，所以去激励自己向前进非常非常困难。每当她得到提升时，总是因为她不能应对伴随升职而来的新责任而几乎是立即被叫停。就如我们的很多被辅导者一样，她特别想证明自己不是令人讨厌的和愚蠢的，而是能够做好每一件事情。事实却是适得其反。我们能够做的是为她安排一名根据个人的经验能够理解她的导师。这名导师教给她策略、教她如何调整自己、怎样不去太逼迫自己、怎样去评估迄今为止所取得的成就。作为接受指导的结果，她已经被提升为客户账户经理，并能完全胜任这个职位了。”

公开您的读写困难：是或否?

最后一个问题，是所有读写困难者都必须触及的：是否在初次面试或在以后的工作中，对雇主和同事说出自己有读写困难?这个问题经常挑起正反双方的激烈争论，这可能没有答案，因为这是从事所有职业的读写困难者自己的权利。但是，有一件事情是绝对清楚的：法律并不要求公开。所以，应该由读写困难者自己来决定是否告诉他人。在做决定时，以下的一些考虑应该是有帮助的。

在一个理想的世界里，读写困难者绝不需要去隐瞒他们的读写困难，因为他们的雇主和同事会明白我们在这本书中解释的事情：读写困难是与优势及劣势相连的，并且读写困难者具备对几乎任何职业都有用的能力。不幸的是，我们的世界还没有达到那个理想状态，无知使得有些雇主不愿意给读写困难者一个机会去证明他们的价值。那就是为什么，传统上，读写困难者被建议在工作面试时不要说出他们有读写困难的原因——特别是当寻找一个入门级职位或第一份工作时。朱莉·洛根教授向我们表达了这种观点："让人们知道您是读写困难者这件事，并不适合每个人——特别是对受雇的人——因为对读写困难仍然存在许多偏见。"

福斯先生分享了一个不同的观点："我们能够解决公开它的问题，但这个问题实际关系到背景，您应该给人们提供理解读写困难的背景吗？这个回答几乎总是肯定的。一般来说，最好是马上知道面前的潜在雇主是一个抱偏见的人，这样，您就能到其他地方去谋职了。否则，您接受这个工作之后，不得不去处理这个偏见——通常结局很糟糕。"

当在一所职业学校时，福斯先生形成了倾向公开这件事的观点。“我对读写困难优势和舒适的感觉来自于遇到了其他有障碍的人们——大多数有身体障碍的人。在斯坦福商学院（Stanford Business School），我有一位了不起的同学，名叫马克·布瑞莫赫斯特（Mark Breimhorst）。马克出生时就没有双手，并且左脸瘫痪，因此，他不能微笑和眨眼。马克知道这些事情会使一些人感到紧张不安。因此，在商学院的第一周，他给每个人都发了一封电邮，在其中，他提供了怎样和他相处的背景。他写道：‘我叫马克，当你们遇到我时，你们将看见我没有手。如果我伸出我的手臂，请握住我的腕关节。课程结束时，我不需要你们帮忙去拿书包。’马克给我们的所有这些背景都是为了让大家明白怎样和他互动，这使得每件事都变得如此容易了。

“马克也帮助我看见了，这些方法能怎样帮助读写困难者。当马克发现我是读写困难者时，他邀请我为同学们讨论残障问题而去组织一个小组。起初，我感到不自然，因为我没有身体残疾，而且之前，我也从没有在公开场合谈论过我的读写困难。但是，马克是坚定不移的。他的观点是我们都将成为将来的领导者，所以，我们应该帮助我们的同学去了解关于残障的所有事情，他们应该有和不同的人正确交往的背景。他是对的。我从马克那里学习到了非常多的怎样去适当处理我遇到的挑战的方法。在我离开学校到英特尔公司上班时，对我而言，直接说出‘我有读写困难。这儿是关于我的一些情况和我所能胜任的事情’就非常容易了。”

当有足够多的，像福斯先生一样愿意迈出这一步，并给抱有疑虑者展现读写困难者具有的能力时，对所有的读写困难者来说，在工作上公开他们的挑战就将变得更为容易。但是，就现在来说，公开自己有读写困难的决定必须是个人的私事。

相对于受雇于人的读写困难者“公开”经常是困难的而言，自雇的读写困难者，考虑了危险和回报比之后，往往更倾向于公开。根据朱莉·洛根所说：“当人们是他们自己的老板时，让其他人知道他们有读写困难通常不是一个问题。和我们一起工作的很多读写困难企业家都非常大方地公开了他们不能拼写这个事实。我认为，因为通过完全公开他们的问题和弱点，使得人们都想去帮助他们。例如，当他们发电邮时，如果事先告诉人们，他们是读写困难者，这是他们的写作中可能存在错误的原因，那么，收件人就不会担忧他们的商务技能也是杂乱无章的以及开始预判他们的企业形象了。有个非常成功的读写困难者最近发了一份电邮，可能会被认为是十分的粗鲁，因为她在写作中犯了一个错误，但是所幸的是，在她所有电邮的结尾处，有一行小的有她签名的附加说明，‘这些电邮可能有写作上的错误，因为我是一名读写困难者。’这种公开常常是十分有帮助的。”

总结：读写困难者在工作中

· 对读写困难者来说，今天在工作中获得成功的机会远远大于从前了，他们能按照自己的兴趣和才能去自由地追寻任何工作。

· 在工作中获得成功的关键包括：发现一个很适合的工作、逐步让它更适合自己、从其他读写困难者那里获得支持和建议。

· 非常适合读写困难者的工作和职业是能利用优势、避免弱势、和兴趣相结合以及注重结果而不是方法的工作和职业。

· 逐步使工作更适合自己的方法包括：积极主动地追逐机会、自我宣传、形成合作关系、追寻成为领导者的机会以及应用技术提高生产力。

· 和有读写困难的同事和导师建立起的关系，是获得情感支持和实用建议的无价之宝。

· 是否告诉雇主和同事，自己有读写困难的挑战，法律上而言，是由您自己决定的。选择公开或者慎重可以引起持不同观点的双方展开良好的辩论，但是每个人都应该事先知道，对他来说，哪个选择是正确的。

后　记

贯串全书，我们都在努力回答这样一个问题："读写困难"到底意味着什么？

随着对这个问题的探索，我们了解到"读写困难"意味着比"阅读和拼写混乱"多得多的方面。根本上，作为一名读写困难者就意味着您有一个以不同方式工作的神经系统，而且以这种方式工作的大脑有许多非常显著的优势。

在这本书的开始部分，我们使用了几个比喻来说明读写困难的优势和挑战之间的关系。现在，我们愿意分享最后一个比喻来表明我们的观点，即把读写困难认作为非同寻常的、但极具价值的处理信息的方式。

想象您到一个装修很好的办公室去赴约，并被告知需要等一会儿。您坐下来后，注意到在旁边的桌上有各种各样的小摆设。您好奇地察看它们，很快您的目光被一根长的、薄的、三角形短轴的玻璃棒所吸引，您把它拿起来仔细检查，并注意到它是半透明的。您想知道它是否是某种透镜——也许是一个放大镜，因此您把它凑近眼睛，想通过它去看一些东西。但是，无论怎样操作，都不能改善您的视力。您越来越感到挫败，最终认为它是一块无价值的玻璃。但是，当您试图将它放回去时，从办公室窗户照进来的光穿过了它。突然，一束绚丽的彩虹出现在了玻璃棒下面的桌子表面上，在那一瞬间，您认识到您手里的这根棒不是一个有缺陷的透镜而是一个功能完美的棱镜。

就如这个棱镜，读写困难者的智力激发了注意力和兴趣，但是它真正的性能和目的却被忽略了。因为它的清晰度和精确度，被当作了透镜。如果我们仔细研究读写困难者的智力，将发现它真正的优秀之处是具有揭示许多正常智力很难看见的事实的能力。

读写困难者智力的重要性依靠于它的 MIND 优势。相对于并不是每一个读写困难者都具有所有 MIND 优势，大多数只表现出具有一个或多个这类重要的能力。但是，常常正是这些优势提供了他们成功的钥匙。

在强调这些优势时，我们并不希望淡化读写困难者面对的真正的挑战——在许多案例里，这是他们经历的实在的痛苦。但是，就如我们在这本书开始时说的，“来自读写困难的痛苦”是一种非常特殊的痛苦，这是一个英雄在一个危险但充满希望的追寻过程中所遭受的苦难，而不是一个患有不治之症的人的痛苦。

也许，能最好代表读写困难者追求的英雄是阿拉贡（Aragon）——约翰·罗纳德·瑞尔·托尔金（J. R. R. Tolkien）的小说《魔戒》（*The Lord of the Rings*）中的一位人物。在《魔戒》传奇的开始，阿拉贡充其量是一个到处徘徊的流浪汉。但是，其实他是刚铎（Gondor）王位的合法继承人，并且命中注定有一天会成为国王。一个古代预言预示了阿拉贡的命运，这提醒我们，所有的事情并不是第一次出现就能完全显现，皇家的血统有时隐藏在破布下面：

金子未必都发光
流浪未必都迷茫
老当益壮不衰枯
根深蒂固经风霜
灰烬重燃火光烈
阴影复苏熠熠光
宝剑锋从断鏊出
无冕之人再称王

如果您是一位读写困难者，这个预言也是送给您的。虽然，您可能在教室里不“发光”，但是，如果对将来的信心能支撑您打败面对的挑战，那么您的智力将被锻造得锐利如刀。

这个“预言”的真实性并不是来自于一段古代文字，而是从科学研究、临床观察以及无数才华横溢的成功的读写困难前辈们的经历中得出的。我们在这本书中表述的信息允许我们有完全的信心得出以下结论：

如果您能在进一步的努力似乎都毫无意义的困难时刻，仍然坚持；

如果您认真遵从已证明为有效的治疗方式；

如果您使用辅助技术和福利；

如果您寻求来自其他读写困难者的支持和指导；

如果设置了将来的目标，成为一名熟练的自我宣传者，并积极追求机会；

如果在最艰难的每一天，您都不忧虑是否能看见明显的进步；

如果您确信光明的未来；

如果您使用了您所具有的优势——

那么，您终将会发现，您已成为一名读写困难者所意味的完美例子，而不是作为一位“被治愈的读写困难者”。

当您这样去做的时候，您将发现读写困难优势的真相和本性。

附录 A：辅助资源

Ⅰ. 学校提供的阅读和写作的帮助

• 对在阅读、阅读流利程度和/或理解上有严重滞后的学生，应该允许和鼓励他们尽早使用录音书（Recorded books）和文字转换成语音的软件，并在涉及文字的作业中（例如，填写工作表、回答考试问题等），尽可能经常使用它们。对于这些学生，阅读应该被认为是一项为了自己愿望的实践活动，而不是学习的一种手段。

• 阅读流利度有严重问题的学生，在课堂考试和作业上需要更多的时间。

• 在阅读速度和/或理解上有严重问题的学生，一般来说，或者需要口头考试或者需要一个人作为阅读者为他们大声朗读试卷上的问题。

· 对于有阅读问题的学生，特别是低年级的学生，使用字体大的书是有帮助的。

· 对准确解码和/或词字检索有困难的学生，使用一本有声字典和电子词典是有帮助的。把发音和词汇的定义输进去，就能准确获得不容易猜测到的字词以及不容易发现替代词的词汇。

· 当目标是练习阅读时，读写困难学生应该最大程度上被允许去选择阅读材料。当目标是更多地获得文学信息时，应该给读写困难的学生灵活性，以便让他们能选择聆听而不是阅读的方法去追寻这些信息。

· 给需要手写的作业更多的完成时间。

· 对于完成作业（工作表、生词表、作文、报告、数学，等等）有困难的学生，减少需要完成的作业的数量。

· 纠正在词汇和拼写上的错误，但是，不要扣分。

· 允许使用键盘输入来做所有的作业。

· 如果键盘输入不熟练，对大作业允许使用口头表述来完成。

· 对于要求特别多写作和填空的考试，可以配给记录员。或者选择口试。

· 在交论文之前，允许使用阅读器的帮助去修改论文。

· 提供重写作业或纠正作业错误的机会。

· 提供老师的讲课笔记，或从其他同学处借阅笔记。

· 允许在课堂上使用键盘和/或录音系统。

II 阅读资源

* 训练语音能力和发音的资源

· 国际学习障碍协会（www. interdys. org）

· Lindamood-Bell 学习中心（www. lindamoodbell. com）

· 优秀写作学院（www. excellenceinwriting. com）

· 流星雨公司（www. starfall. com）

· Headsprout（http://headsprout. com）

* 基于电脑的听觉训练

· Earobics（www. earobics. com）

· Fast ForWord（www. scientificlearning. com）

* 录音书

· RFB&D（盲人和读写困难者使用的录音设备）（www. rfbd. org）

* 数字文本储存器

· Bookshare. org（也提供阅读软件）

· 经典文献：Gutenberg 项目（www. gutenberg. org）

· 文章和杂志的研究：Questia. com

· 商务阅读器，如亚马逊的 Kindle、Barnes&Noble 的 Nook，或索尼阅读器（也包含文字转换为语音的功能）

＊文字转换成语音的技术

· 英特尔阅读器（www. intel. com/healthcare/reader/about. htm）

· Kurzweil3000 文字转换为语音技术（www. kurzweiledu. com/kurz3000. aspx）

· Read &Write Gold（www. texthelp. com）

· Internet 浏览器使用的 ReadingBar（www. readplease. com）

III　写作资源

＊指导材料

· 无泪手写（www. hwtears. com）

· 《从谈到写：搭建说明文的表达策略》。作者：特里尔 · M. 詹宁斯和查尔斯 · W. 海恩斯（Terrill M. Jennings and Charles W. Haynes）（仅在以下网站可得 http://www. landmark-outreach. org/pub181. htm）

· 《写作技巧 1》和《写作技巧 2》，作者：戴安娜 · 汉伯里 · 金（Diana Hanbury King）

· 《走进写作》（www. stepuptowriting. com）

具有拼写检查、语法检查和大声阅读功能的文字处理软件

• Read & Write Gold（www. texthelp. com）

• Ginger 软件的语境语法和拼写检查器（www. gingersoftware. com）

• Write：OutLoud（小学早期）和 Co：Writer（初中和以上年级）（两者都可在下面的网站获得 www. donjohnston. com）

视觉计划、头脑风暴和思维导图软件

• Inspiration（成年人）和 Kidspiration（孩童）软件（www. inspiration. com）

• XMind open — source mind — mapping 软件（www. xmind. net）

* 语音转换为文字（口述）软件

• Dragon Naturally Speaking 是一款将语音转换成文字的口述软件程序，这个程序允许作者对着电脑的麦克风口述文字，然后，在个人电脑或个人手机或智能手机上，语音就被转换为印刷文字（用文字处理器或电邮）。我们发现这款程序对成年人和青春期后期的学生们有优异的帮助，而对于更年轻的操作程序有困难的学生，最好是口述给父母、老师或其他记录者。（www. nuance. com）

* 记笔记的技术

• Livescribe smartpens（www. livescribe. com）

IV 时间管理和组织资源

·传统的材料，如信息板、便利贴、记事清单或日间计时器

·厂商发送提醒约会或“要做的”事情到一个手机或电脑，如：

——Remember the Milk（www. rememberthemilk. com）

——Skoach（www. skoach. com）

——Google Calendar（www. google. com）

·利用电子计时器去帮助改善对时间的意识以及在工作中集中注意力

——在电脑上：TimeLeft（www. timeleft. info）

——在桌面或腕表上：Time Timer（www. timetimer. com）

·其他对组织策略有帮助的良好资源：Lifehacker（www. lifehacker. com）

V. 和大学有关的资源

* 专门招收读写困难学生的大学的信息

· www. landmark. edu

· www. beaconcollege. edu

* 不同的大学为读写困难学生提供服务的信息

· 美国教育指导中心（www. college－scholarships. com/learning _ disabilities. htm）

· 《对有学习障碍大学生的 K&W 指导》第十版，作者：M · 克拉维茨（M. Kraverts）出版社：Princeton Review

* 入学考试信息

· SAT：www. sat. collegeboard. com

· ACT：www. act. org

* 相关学习挑战和辅助福利法律问题的信息

· www. wrightslaw. com

* 评估教授

· www. ratemyprofessors. com

* 师友机构

· 认同项目（www. projecteyetoeye. com）

VI. 关系和支持资源

* 鼓励真正读写困难者社区发展的工作项目

· 读写困难者的优势网站（http://dyslexicadvantage. com）和脸书上的读写困难者的优势（www. facebook. com/dyslexicadvantage）

- headstrong Nation（www. headstrongnation. org）
- 认同项目（www. projecteyetoeye. org）
- 作为读写困难者（www. beingdyslexic. co. uk）

最新的信息和产品评价可以在我们的网站上获得（http://dyslexicadvantage. com）

附录 B：适合读写困难者的热门职业

我们把适合读写困难者的职业列在下面。我们已经根据 MIND 中的优势，将这些职业分门别类，但是，请记住，这仅是一个大概的指导。很多读写困难者具有不止一个 MIND 优势，大多数的这些职业都是通过多个 MIND 优势的贡献获益的。

* 高 M 优势的职业和领域

工程师

技工

建造（电工、木工、管道工、承包人）

数学家

室内设计者、工业设计者

插图画家、图像艺术家、图像设计师、建筑制图员

建筑家

医学（外科、放射性、病理学、心脏病学）

画家

雕刻家

摄影师

制片人、导演

庭院设计师

水手

飞行员

正齿医生、牙医、牙齿保健员

＊高I优势的职业和领域

电脑或软件设计师（网络、编程、系统构建）

科学家（动物学家、生物化学家、遗传学家、化学家、环境科学家、地质学家、古生物学家、物理学家、天文学家、天体物理学家）

自然学家、环境学家

发明家

博物馆馆长

服装设计师、裁缝、女裁缝

舞蹈家、编舞者

音乐家

演员

厨师

历史、政治科学、社会学、人类学、哲学

喜剧演员

护士

治疗师（物理、职业、运动）

教员

＊高 N 优势的职业和领域

诗人、作曲家

小说家

文学作品、新闻业

编剧

咨询服务、心理学、神职工作

辅导

教学

公共演讲

政治家

游戏或网络游戏设计者

律师（特别是诉讼、税法、刑事辩护或起诉、仲裁）

营销

市场

广告

公共关系

＊高 D 优势的职业和领域

企业家

最高层管理者

金融（商人、投资者、风险投资）

小企业主

商务咨询

物流、规划

会计（税务规划、咨询、首席财务官）

经济（特别是宏观经济）

医学（免疫学、风湿病学、内分泌学、肿瘤学）

农场主、大牧场主

译后记

美好的分享

本书的出版得到了四川人民出版社和各界热心人士的极大帮助。感谢上海交大校友袁羽先生的热情支持和帮助，感谢四川大学陈晓莉教授付出的时间和精力，感谢四川大学潘汀和刘立教授耐心的专业指导。对你们为这本书的面世做出的巨大贡献，在此表示衷心的感谢！

说到读写困难，不少人会第一时间想起科学家爱因斯坦。的确，读写困难是爱因斯坦在有生之年真正承认过的他所具有的唯一学习障碍。他在退休后毅然选择去担任专门为读写困难的孩子建立的一所美国大学——兰马克大学（Landmark University）的教务主任。这是因为爱因斯坦已经发现了天才的秘密，天才往往就隐藏在读写困难者中。这不代表所有天才都有读写困难，但是有读写困难的人成为天才的比例相对来说高很多。几十年来，美国教育部投资了大量资金，建立了专门为读写困难者服务的教育系统，其中包括小学、初高中和大学。一旦孩子被诊断出有读写困难，这些学校就会接纳这些孩子。美国因此收获了一大群有特殊能力的天才。

“Dysilixia——读写困难”是早在1880年被一位德国医生发现的。读写困难并不会影响智商。Dysilixia是拉丁语，直译为中文即为“读写困难”。读者朋友们看见这几个字肯定纠结了：“我觉得这本书里就是说我，可我没有读写困难啊？相反我语文很好啊?”其实，这里“读”是指的读英文和数字；而“写”则是指表达能力，包括字面上的和口头上的。

读写困难在《美国神经手册》（5DSM5）中被列为遗传引起的大脑发育问题。男性比女性更容易遗传到。数据统计，全球有10%～25%的人有读写困难（比左撇子还多）。作为一个第一语言是中文的人，读写困难是福也是祸。“福”是因为比起英文，象形文字对于读写困难的人来说简直就是救星，这就是为什么美国很多专门为读写困难孩子设立的学校会教孩子们中文，因为对他们来说中文阅读起来比他们的第一语言“英文”顺畅得多；“祸”呢，则是因为读写困难不容易被发现，从而导致很多在学习或者生活中的弱势被隐藏起来，这并不是好事，导致很多孩子在学习数、理、化、英语甚至拼音时非常痛苦，对很多留学的孩子更是苦不堪言，但个中缘由却不得解。也许这些人就在您身边，比如说那些很聪明却学习成绩永远不好的孩子，那些很努力却一直拿低分的孩子，那些没有自信觉得自己很愚蠢的孩子（因为他们一次又一次被整个学习环境所否认），也许这些人中就包含您。这种无助感和隔阂感让人压抑自己，甚至压抑自己的天赋，更可怕的是因为这是遗传问题，父母一代和你的下一代也许也会背负这样的包袱，如果再不引起关注的话，这件事情将会沉默着发酵，然后爆发。

《隐形的天才：如何教育有读写困难的孩子》能给消极、失望和焦虑的中国家长们带来希望，能让教育工作者对读写困难有正面积极的认识，也让孩子们知道在这个世界上有很多与他们一样的天才。

如果您还不太确定自己是否可能是隐形天才，如果您对以下10道自答题有80%的认同率，那么请与相关专业人士或机构联系。

1. 您是否左右不分?

2. 您是否常常在阅读的时候无意间越过句子?

3. 您是否在看地图和在新地方认路时有非常大的困难?

4. 您是否常常反复阅读同一个自然段才能够理解其中的意思?

5. 对一个问题，您是否常常得出与众不同的答案?

6. 在写作中，是否很难把自己的想法用文字表达出来?

7. 对您来说是否很难记得26个英文字母的顺序?

8. 您在朗诵时是否常常间断或者跳过单词?

9. 是否很难从电话交流中得到正确的信息?

10. 您是否花了很长时间才记住乘法表?

译　者

2019年8月